# 부동산거래와 법

## 거래를 통해 배우는 민법 II

정성헌 지음

박영사

# 머리말

## 기획의도

그동안 대학에서 민법을 가르친다는 것은, 민법전이라는 사전을 처음부터 끝까지 차례로 공부하게 하는 것이었다. 다행이라면 그래도 민법전이 하나의 언어를 통째로 담고 있는 국어사전이나 영어사전만큼 내용이 방대하지는 않다는 것일까? 하지만 대학에서 민법을 가르치면서 이러한 강의방식에 대해서 회의를 느꼈다. 민법전을 처음부터 차례차례 가르친다는 것은, 재산법만을 그 대상으로 하더라도 장장 4학기에 걸쳐서 배우기에, 전체를 파악하고 있지 않는 한 매 학기 불완전한 내용만이 강의될 수밖에 없고 설령 4학기에 걸쳐서 배우더라도 그 한번의 시도로 그 내용을 파악하기가 쉽지 않다. 아마 네 번째 학기에 다다를 때쯤 첫 번째 학기에서 배웠던 내용은 이미 기억조차 나지 않을 것이다. 민법을 포함하여 법이라는 것은 어떤 사회적 현상을 두고 종합적이고 포괄적으로 다루어져야 하는데 4학기에 걸쳐 민법을 한번 배운 학생들이 이런 것을 할 수 있을 리도 만무하다.

그래서 대학에서 민법을 가르치면서 매 강의가 그 자체로 독립적이면서도, 또한 사회적 현상을 중심으로 종합적으로 민법을 배울 수 있도록 방식을 바꾸었다. 사전이라는 것이 원래 필요할 때마다 찾아보면 되는 것이고, 민법도 그 예외는 아니라고 생각한다. 민법이 다루는 개인의 사적 영역에서 주로 일어나는 중요한 거래 혹은 문제유형을 중심으로 필요한 법규정을 찾게 하면서 가르쳤다. 그러한 방식을 통해 사전과 같은 법전을 본래적인 용도로 활용하면서 더 입체적으로 이해하게 하고 실제 활용도도 높일 수 있으리라는 판단이었다. 물론 이 경우 법전을 처음부터 끝까지 다루지는 못하므로 민법전을 온전하게 배우지는 못하겠지만, 현실과 괴리된 채 일반적인 내용을 아는 것보다 구체적인 경우에 한하더라도 민법이 어떻게 기능하는지를 배우는 게 낫다고, 민법전의 모든 규정을 다 알 필요도 없다고 생각했다. 민법전의 어떤 내용들은 여러 차례 반복적으로 다루어질 수도 있겠지만 그 역시도 시간낭비가 아닐 것이다. 그만큼 중요한 내용일 테니 매 학기 듣게 되면 그것만큼이라도 좀 더 확실히 알 수 있다는 건 오히려 장점이 될 것이다.

강의는 성공적이었다. 최소한 교수자로서 매 학기 나중에 관련된 내용이 또 나오니 그것과 연결시켜야 한다는 말, 예전에 배웠던 것들과 연결시켜야 한다는 말을 무책임하게 반복하지 않을 수 있었다. 학생들도 구체적인 사회현상을 전제로 하여 배우기 때문에 보다 생명력있는 학습이 가능하게 되었다. 그런데 학생들은 참고할 수 있는 교재가 없어 힘들어했다. 법전이야 사전처럼 찾아가면서 보는 게 오히려 더 타당할 수 있겠지만, 법전과 동일한 순서로 쓰여진 기존의 교재들을 학생들에게 찾아가면서 읽으라고 하는 것은 무리가 따랐다. 그래서 강의교재를 쓰게 되었다.

이 책은, 사회적 현상을 두고 발생하는 법적 문제들을 일정한 흐름 속에 빠짐없이 나열하고 있다. 그 서술에 있어서는 일반인들도 읽어나갈 수 있도록 지나치게 학문적인 내용들은 배제하고자 하였다. 그러한 측면에서 다양하게 활용될 여지도 있겠으나, 이 책은 강의교재로서의 목적을 최우선으로 하여 사회 현상에 대해 민법이 어떻게 적용되는지를 알려주는 데 초점을 두었고, 더 나아가 이를 통해 우리 민법이 어떠한 태도를 취하고 있는지를 알려주고자 하였음을 밝혀둔다. 그리고 건조한 법에 대한 내용을 뒷받침할 재미있고 상세한 설명은 원칙적으로 담지 않았다. 강의교재는 최소한의 내용을 정확하게 전달하는 실용적인 도구여야 하기 때문이다. 강의에 의해서 어느 정도는 보완될 수 있겠지만 책만으로는 다소 불친절할 수도 있을 것 같다. 먼 훗날 저자의 역량이 일취월장한다면 강의교재를 넘어 일반인이 민법을 쉽게 이해할 수 있도록 도울 수 있는 책을 쓸 수 있기를 바라본다.

## 두 번째 '부동산거래와 법'을 마무리하며

이 책은 현실에서 많이 마주하고 또한 중요성을 가지는 부동산거래를 대상으로 한다. 부동산거래와 관련하여 문제되는 모든 법률문제를 다 다루고자 하였다. 비록 부동산을 사고 파는 경우에만 초점이 맞추어져 있기는 하나 거의 대부분의 민법제도를 일별하게 될 것이다. 그리고 이러한 민법제도는 다른 사회현상에도 적용될 수 있으므로 수많은 문제에 대해 법을 대입해 나갈 필요가 있는데 이는 각자의 몫이다. 그리고 그렇게 함으로써 이 책이 목표로 하는 민법의 태도에 대한 이해에 한 발 더 다가서게 될 것이다. 이 책은 그 중 한 예를 제시하고 있을 뿐이지만, 구체적인 것을 통해 일반적인 것에 다다르는 식으로 이 책은 그 역할을 하게 될 것이다.

부동산거래에 대한 이 책은 금전거래에 대한 책과 함께 기획되고 동시에 쓰였다. 두 책은 동일한 흐름 속에서 썼으며, 민법제도에 대한 일반적인 내용은 상당부분 자구까지도 동일하다. 이어 주거생활, 소비생활을 대상으로 한 책을 계획하고 있으나, 그 성격은 위의 두 권과는 조금 다른 내용이 될 것이다. 지금까지는 하나의 거래가 진행되는 순으로 논의하였다면 앞으로는 정적인 상태(생활)에서 발생하는 다양한 문제들을 다루어 볼까 한다. 다만 그것은 조금 후의 일이 될 것 같다.

내가 쓰는 책들은 어느 경우나 일반적으로 많이 문제되는 사례를 토대로 민법을 다시 쓴다는 점에서는 공통된다. 이를 통해 민법이라는 현실을 살아가는 데 꼭 필요한 법을 보다 쉽게 접할 수 있다면 더 바랄 나위가 없겠다.

2019년
정성헌

# 목 차

Prologue

집이나 땅을 사고파는 것은 우리에게 큰 의미가 있다. 살아가는데 집이나 땅이 반드시 필요하고 나아가 통상적으로 이것들은 그 수가 한정되어 있기 때문에 가치도 높아 투자의 대상이 되기도 한다. 때문에 그러한 거래가 일어나는 것은 당사자에게는 물론 그 사회로서도 도움이 되는 일이다.

그렇다면 사고파는 거래는 어떻게 이루어지는 것일까? 그 내용은 어떻게 결정되는 것일까? 거래가 하나의 행위로 끝날 수도 있지만, 집이나 땅과 같은 그 가치가 큰 것들은 좀 더 오랜 시간을 들여 거래가 이루어지곤 한다. 이 경우 거래가 어떻게 시작되며, 어떻게 마무리되는지가 구별된다.

무엇보다 중요한 것은 시작된 거래에 문제가 발생하여 제대로 마무리되지 못한 경우일 것이다. 문제가 생긴 경우에 어쩔 수 없다고 하면, 누구도 그 거래를 시작하지 않을 것이고 이는 사회 전체적으로도 큰 손실이 될 것이다.

위와 같은 사항에 대해 사회구성원들 간에 합의된 부분이 법이라는 형태로 존재한다. 즉, 법은 이 경우 거래가 어떻게 시작되어(Chapter 1) 마무리될 수 있는지(Chapter 2)를 정하고, 그리고 문제가 있을 경우 이에 대한 해결책(Chapter 3)을 제시하고 있다. 이를 집이나 땅, 즉 부동산을 사고파는 경우를 대상으로 하여 살펴보고자 한다.

## 법, 민법, 법률관계

강제력을 가진 사회규범인 법은 그 종류가 다양하고, 개수 또한 매우 많다. 법에 대한 일반적인 논의는 차치하더라도, 그러한 법에는 국민의 대표인 국회에서 제정된 법률과 법률에서 위임된 사항을 행정부에서 구체적으로 정한 명령이 있으며, 지방자치단체의 조례와 규칙 등이 있다. 법을 공부함에 있어서는 주로 법률과, 법률에 관련된 명령을 그 대상으로 한다. 국가의 최고규범으로서 헌법도 있는데, 모든 법은 헌법의 가치범위 내에서 제정되어 시행되므로 어느 법을 공부하건 헌법에서 주창하는 기본가치에 대해서는 관심을 가질 필요가 있다.

0001<br>법의 체계

법은 크게 '사법'과 '공법'으로 나누어 보는 것이 일반적이다. 개인간의 사적문제에 대해서는 사법이, 국가가 개입하는 경우에는 공법이 적용된다고 할 수 있는데, 그 규율의 관점이나 기능 자체가 다르다.[1] 개인간의 사적문제에 대한 일반적인 사항을 규정한 기본법이 바로 '민법'이다.[2] 우리는 '민법'이라는 단행법을 가지고 있어 이를 주로 공부하지만 다른 특수한 사정을 전제로 보다 실효적으로 만들어진 법들도 함께 다루어야 한다. 특히 '일반법'인 민법에 대해 이러한 법들을 '특별법'이라고 할 수 있고 법 적용에 있어서는 특별법이 일반법에 우선한다.[3] 또한 민법전이 아님에도 관련내용을 담고 있는 모든 법을 포괄하여 '실질적 민법'이라고 하는데, 이에 대해 민법전 자체는 '형식적 민법'이라고 한다. 민법전이 민법을 학습하는 데 있어서 가장 중요한 법임은 사실이지만, 민법전에 포함되지 않는다고 하여 그 중요성이 떨어지는 것은 아니므로 실제문제를 해결함에 있어 민법 이외의 다른 법이 적용될 수 있음을 항상 주의하여야 한다.[4] 우리 민법 제1조에서도 민사에 관하여 적용될 수 있는 규범을 정하고 있는데, 법률이 가장 먼저 적용

0002<br>법의 분류와<br>민법

---

1) 예컨대, 사법의 경우에는 개인이 스스로 관계를 형성해 가는 자유의 여지가 크지만, 공법의 경우는 그렇지 않다.
2) 개인의 사적문제를 '민사'라고 하며, 이와 관련된 소송을 '민사소송'이라고 한다.
3) 일반법과 특별법의 구별은 상대적인 것이어서, 특별법들 사이에서도 이러한 관계가 성립될 수 있음은 물론이다.
4) 앞서 언급한 특별법 중에서는, 형식적 민법이 아니지만 실질적 민법으로 중요성을 가지는 것들이 많이 있다.

되며, 여기서의 법률은 단순히 민법전만을 의미하지는 않는다. 더 나아가 명령 등 국회에서 만들어지지 않은 법들도 포함한다. 또한 법을 '실체법'과 '절차법'으로 나누어보기도 한다. 전자는 권리와 의무에 대한 실질적인 내용을 담고 있는 경우를 말하고, 후자는 소송 등 이를 실현하기 위한 내용을 주로 한다. 민법은 대표적인 실체법이지만, 절차에 대한 내용이 아예 없는 것도 아니다.

**0003**
**법원**
**관습법**
**조리**

우리 민법 제1조에서는 법률에 규정이 없으면 관습법에 의하도록 하여 법률 이외에도 관습법을 명시적인 법원(source of law)으로 인정하고 있다. 오랜 기간 관습으로 존재해 온 것에 대해 규범성을 인정하는 관습법은 법의 경직성을 보완하고 실제생활에 맞는 규범을 제공한다는 측면에서 긍정적인 면도 있지만, 제대로 된 입법절차를 거치지 않고 마련된다는 측면에서 근원적으로 문제가 있고, 또한 세상에 존재하는 관습 중 관습법으로 인정되는 것과 그렇지 않은 소위 '사실인 관습'을 구별하는 것도 쉽지 않다. 우리법의 경우에도 일정한 관습법이 인정되고 있어 이를 통해 법을 보충하지만, 때때로 법을 변경하기도 한다. 관습법이 인정됨에 있어 법원의 확인이 그 요건은 아니지만, 법원이 인정한 관습법을 예외적인 측면에서 받아들이는 것이 법을 해석하고 적용하는 측면에서 적절할 것이다. 조리는 법률이나 관습법이 없는 경우에 적용되는 것으로 쉽게 말해 '상식'이다.[5] 규범이 없다고 문제를 해결하지 못하는 것이 아니라 상식에 비추어서도 해결하여야 한다.

**0004**
**우리 민법전의**
**특징**

### 우리 민법전의 특징

우리 민법을 이해하는데 있어 그 제정과정을 간략하게 아는 것이 중요하다. 우리 민법은 1960년 1월 1일부터 시행된 것이지만, 1900년경에 만들어진 일본법을 그대로 계수하였다. 일제강점기는 물론이거니와, 우리법이 제정될 때까지 일본법이 그대로 적용되었으며, 이를 통상 '구민법' 혹은 '의용민법'이라 칭한다. 우리법을 제정함에 있어 여러 변화가 이루어졌지만, 대부분의 내용은

---

5) 때때로 법의 내용(법리)이 상식(합리)에 어긋나는 경우도 없지 않지만, 법리는 합리를 항상 좇아야 한다.

일본법 그대로이고, 이로 인해 현재에도 여전히 여러 문제점이 발생하고 있다. 우리법은 독일에서 개발한 소위 '판덱텐' 체계를 일본을 통해 흡수하였는데, 이 체계의 특징은 개별적인 것들에서 공통점을 찾아 이를 먼저 규정하고(총칙), 뒤에 개별적인 내용들을 규정하고 있다는 점이다(각칙). 이러한 방식을 통해 법전은 단순한 나열이 아니라 보다 체계적인 구조를 가지게 되고 법전의 양도 줄일 수 있었으나, 관련된 내용이 법전 전반에 걸쳐 산재됨으로써 민법전을 이해하기 어렵게 만들기도 했다.

법전의 특징과 관련하여 소개될 수 있는 내용 중 '준용'이라는 것이 있다. '준용'은 일정한 규정을 유사한 다른 사항에 적용하는 입법기술로서, 법률상 명문으로 지시되어 있는 점에서 유추적용과는 다르다. 법조문의 숫자를 줄일 수는 있지만 그만큼 법전을 이리저리 찾아가며 읽어야 하는 불편함도 생긴다. 우리 민법에도 많은 준용규정이 존재한다.

법에 의해서 규율되는 관계를 '법률관계'라고 한다. 이는 결국 그 존재이유이기도 한 사람이 어떤 것을 누리며(권리), 어떤 것을 하여야 하는지(의무)에 대해서 법이 조력 혹은 강제하는지로 설명되므로 법률관계를 '권리의무관계'라고도 한다.6) 그런데 모든 관계가 법률관계인 것은 아니다. '법은 도덕의 최소한'이라는 케케묵은 표현에서도 알 수 있듯이 법에 의해서 규율되는 것은 사회를 유지하는 데 필요한 한도 내에 있어야 한다. 법의 규율을 받는 것이 오로지 당사자의 의사로 결정될 문제는 아니지만, 사람이 행한 일정한 행위의 경우에는 '법적 구속의사'를 부정하기도 한다. 호의관계나 명백한 농담의 경우가 그렇다. 여기에 해당하면 원칙적으로 법의 규율은 받지 않는다.

0005
법률관계
권리
의무

---

6) 권리와 의무는 동전의 양면처럼 서로 대칭적으로 존재하는 경우가 많다. 이에 대해서는 앞으로 설명되는 법률관계의 많은 부분에서 확인할 수 있다. 권리와 의무가 서로 대칭적으로 존재하는 경우는, 양자를 모두 설명하기보다는 둘 중 어느 하나를 중심으로 설명하는 것이 보통이다. 참고로, 민법전은 주로 권리를 중심으로 편재되어 있으나, 그렇다고 모두 권리를 전제로 설명되고 있는 것은 아니다.

## 판결, 판례, 소송

**0006**
**판결**
**판례**

법을 학습함에 있어 법만큼이나 중요하게 다루어야 하는 것에는 법원의 판결이 있다. 법적 문제에 대한 분쟁을 국가(법원)의 개입 하에 해결하는 것을 '소송'이라고 하고, 소송에 대한 법원의 판단을 '판결'이라 하는데, 법원의 판결은 우리의 경우에는 법 그 자체는 아니다.[7] 그러나 우리의 경우에도 법원의 판결 특히, 대법원의 판결은 법의 내용이 어떻게 구체화되는지[8]를 확인할 수 있는 중요한 자료가된다.[9] 이는 결국 사건을 해결함에도 대법원의 법에 대한 태도가 직접 적용되기때문이다.[10] 특히 반복적인 판결을 통해 확인되는 대법원의 태도를 '판례(법리)'라고 하는데, 법을 공부하는 과정은 이러한 대법원 판례를 공부하는 것과 다름 아니라고도 할 수 있을 만큼, 그 중요성은 크다.[11] 대법원판례(법리)도 시간이 지나면서 그 내용이 바뀌기도 하는데, 이 경우 통상적으로 3인의 대법관만이 참여하는일반적인 대법원 판결과는 달리 대법관 전원이 참여하여 예전의 입장을 유지할지아니면 폐기하고 새로운 입장을 취할지를 결정한다.[12]

---

7) 우리 민법 제1조에서도 법률, 관습법, 조리만을 법의 출처로 언급하고 있다. 세계의 법문화를 두 가지로 크게 나눈다면(물론 최근에는 이슬람법도 또 다른 법체계로서 인정하고 있는 듯 하다), 대륙법계와 영미법계로 나누는데, 우리는 독일과 프랑스를 중심으로한 대륙법계에 속한다. 대륙법계의 가장 중요한 특징이 판결을 법으로서 받아들이지는않는 것이고, 이는 삼권분립의 원칙적인 태도에도 부합한다. 판결을 법으로 보는 것은사법부의 입법행위를 긍정하는 것이기 때문이다. 이와 반대로 영미법계에서는 판결의법원성을 긍정한다.

8) 이는 법률에 대한 해석이 필요하기 때문인데(법의 해석은, 문언적 해석을 기본으로, 역사적 해석, 체계적 해석, 목적론적 해석 등 다양한 해석기법이 적용된다), 법은 다양하고 구체적인 많은 경우를 포섭할 수 있어야 하므로 필수적으로 추상적일 수밖에 없음에서 기인한다.

9) 우리나라의 법원은 지방법원(1심), 고등법원(2심), 대법원(3심)으로 3심제의 형태를 취하고 있다. 사실확정은 2심에서 끝나고, 대법원은 오직 법의 해석과 적용에 대한 문제를다루므로 대법원을 특히 법률심이라고 하고, 1심과 2심을 사실심이라고 한다. 때문에대법원의 판결이 특히 법률해석과 밀접한 관련성이 있다.

10) 반드시 그래야 하는 것은 아니지만 대개 지방법원과 고등법원과 같은 하급심에서는 대법원의 입장을 그대로 적용하는 경우가 많다.

11) 물론 대법원의 입장이 항상 옳은 것은 아니므로 주의할 필요가 있다. 오히려 대법원의입장의 문제점을 비판하고 더 타당한 해석방법을 모색할 필요가 있다.

12) 따라서 소위 '전원합의체 판결'은 법을 학습함에 있어서도 매우 중요하다.

## 소송

소송은 어떤 내용이냐에 따라 다양하게 이루어질 수가 있지만, 사적 관계에서의 분쟁에 대한 민사소송은 당사자가 소송의 시작부터 종결까지 많은 것을 스스로 하여야 한다. 소송의 시작부터 종결까지 당사자가 결정할 수 있으며(처분권주의), 소송과정에서의 주장 및 증명에 대해서도 당사자의 의사에 따르지 않고 법원이 함부로 이에 대해 개입할 수 없다(변론주의).[13]

소송은 '소장'이라는 서류를 법원에 제출하면서 시작되는데, 소장은 크게 '청구취지'와 '청구원인'으로 구별되어 있다. '청구취지'는 소송을 시작하는 자(원고)가 목표하는 바를 간략하게 적고,[14] 왜 그래야 되는지에 대해서는 '청구원인'에서 상세하게 기술하게 된다.[15]

법원은 이러한 서류를 받으면 이를 상대방(피고)에게 보낸다. 상대방은 원고의 주장에 대해 반박할 수 있는 기회를 갖게 되는데, 이 경우 제출하는 서류가 '답변서'이다.[16] 소장의 형식에 맞추어 '청구취지에 대한 답변', '청구원인에 대한 답변'으로 구성되며, 전자의 경우에는 반박하는 바의 결론만을,[17] 나머지 상세한 근거는 후자에서 서술하게 된다.[18]

법원은 '소장'과 '답변서'의 내용을 통해서 분쟁의 개요를 파악하게 된다. 물론

---

13) 이러한 점에서 민사소송은 '직권탐지주의'를 원칙으로 하고 있는 형사소송과 구별된다. 다만 민사소송의 경우에도 예외적으로 법원이 '석명권' 등을 통해 개입하게 된다. 법을 이해함에 있어 당사자들의 관계에 대한 민사와 국가의 형벌권에 대한 형사를 구별하는 것이 매우 중요하다(이는 앞에서 소개한 사법과 공법의 구별과도 연결된다). 동일한 사안에 대해 함께 문제된 민사와 형사의 결론이 달라질 수 있지만, 하나의 사건에 대해 민사와 형사를 복합적으로 이해하는 것도 중요하고, 특히 요즘 새롭게 제정되는 특별법들의 경우 사안을 중심으로 민사적 규율과 형사적 규율(혹은 사법적 규율과 공법적 규율)을 함께 하고 있는 것을 확인할 수 있다.
14) 예컨대 결과적으로 무엇을 원하는지를 구체화하여 '그것을 이행하라.'는 식으로 적게 된다.
15) 예컨대 약속을 했는데 지키지 않았다는 내용을 적게 된다.
16) 답변서를 내고 안 내고는 자유이지만 내지 않으면 소송에서 불리해진다.
17) 보통 '원고의 청구를 기각한다.'는 식이다.
18) 예컨대 약속한 바가 없다거나 이미 이행하였음 등을 근거로 제시하면 된다.

그 이후에도 서로의 주장과 근거를 반박하는 서류들이 오고간다. 이를 '준비서면'이라고 하고, 어느 정도 판단이 설 정도의 자료가 마련된 경우 당사자들이 법원에 출석하는 '변론기일'[19]을 열어, 판사가 심리를 하고[20] 이후 '판결'을 선고하게 된다. 판결에 불복하고자 하는 경우 '항소'하여 두 번째 재판(2심)을 받을 수 있고, 두 번째 재판에도 불복할 경우에는 '상고'하여 대법원에서 세 번째 재판(3심)을 받을 수 있다.

법원이 판단함에 있어서는 당사자의 주장을 뒷받침하는 증거가 가장 중요한 역할을 한다. 소장과 답변서, 그리고 준비서면을 제출함에 있어서도 단순히 주장만을 적는 것이 아니라 주장한 바를 증명할 자료를 첨부하게 된다. 어떤 사항을 누가 증명하여야 하는지는 법률의 규정 등에 의해서 정해진다(증명책임의 분배). 증명을 하지 못하는 경우에는 주장하는 바가 설령 진실이라고 하더라도 받아들여지지 않고 종국적으로 소송에서의 패배(패소)로 이어지게 된다.[21] 따라서 누가 증명하여야 하는지의 문제는 소송의 성패와 관련된 문제로 매우 복잡한 양상을 띠게 된다. 원칙적으로는 자기가 적극적으로 주장하는 바에 대해서는 스스로 증명하여야 하나, 때때로 상대방에게 증명책임이 전가되기도 한다(증명책임의 전환). 법에서는 일정한 사항은 추정된다고 규정한 경우가 있는데,[22] 이 경우 추정을 뒤집고자 하는 자가 이를 입증하여야 한다.[23] 최근에는 입증하여야 하는 당사자의 보호를 위해 입증책임을 완화시키는 경우가 있는데, 이로 인해 상대방이 다소 불리해질 수도 있다.

사실이 확정되면 법원에서 법을 기준으로 판단한다. 앞에서 언급한 바와 같이 법이 적용되는 과정에서 때때로 법원의 해석이 더해지기도 하며, 특히 반복된 판결을 통해 확인되는 대법원의 태도인 '판례(법리)'는 그것 자체가 법과 마찬가지로 받아들여지기도 한다. 결국 판결이란 법원이 이미 존재하는 법(대전제)

---

19) 민사소송의 경우 대개 대리인인 변호사가 대신 출석하는 경우가 많다. 민사소송의 경우 반드시 변호사를 선임하여야 하는 것은 아니고 본인 스스로 소송을 진행할 수도 있다.

20) 심리에 따라 변론기일은 여러 차례 열릴 수도 있다.

21) 분쟁의 당사자가 아닌 제3자인 법원이 판단하는 것이므로 이는 어찌 보면 당연한 것이라고 할 것이다.

22) 예컨대, 민법 제398조 제4항.

23) 추정 이외에 간주의 경우에는 법에서 정한 절차 이외에는 그 결과를 뒤집을 수가 없다. 통상적으로 "~로 본다."고 되어 있는데, 그 예로 민법 제28조가 있다.

을 실제사실(소전제)에 적용하여 결론을 내리는 '3단논법'의 구조를 통해 이루어지는 것이다.

소송은 대개 많은 시간과 비용을 필요로 하지만, 항상 위와 같이 진행되는 것은 아니다. 금액이 적은 경우에는 보다 간편하고 신속하게 처리하도록 하기도 하고(소액사건심판제도[24]), 돈을 받기 위한 경우에는 청구자의 신청만으로 지급명령을 내리기도 한다.[25] 그 외에도 최근에는 소송이 아닌 당사자에 의해 분쟁을 해결하는 민사조정도 활발히 이루어지고 있는데,[26] 당사자가 분쟁에 대해서 합의한 경우 확정판결과 마찬가지의 효력이 인정되기도 한다.[27] 조정은 당사자의 신청에 의하지만, 소송 중의 법원이 조정에 회부할 수도 있다.

---

24) 2019년 현재 3,000만원을 초과하지 아니하는 돈을 지급받는 것을 목적으로 하는 소송의 경우 이 절차에 따른다. 그 외에도 금액의 많고 적음을 떠나 정형적이고 간단한 사건의 경우 이 절차에 따르도록 하는 경우가 있다. 예컨대 주택임대차보호법 제13조 참고.
25) 이 경우 상대방이 이의를 신청하면 정식소송절차로 진행된다.
26) 민사조정과 같이 소송 이외의 분쟁해결제도를 대체적 분쟁해결제도(ADR: Alternative Dispute Resolution)라 하여 이에 대한 많은 연구가 이루어지고 있다.
27) 합의가 되지 않으면, 분쟁에 대한 정식절차인 소송으로 넘어가게 된다.

**0008**
**민사소송의**
**흐름**

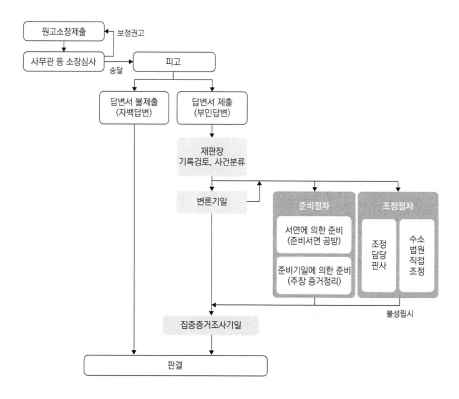

**민사소송의 흐름**

출처: 대법원(www.scourt.go.kr)

## 집행

법의 강제력을 가장 잘 확인할 수 있는 지점이 바로 집행일 수 있다. 소송에서 이긴 경우에도 그것이 실현되지 않으면 아무런 의미가 없을 수 있는데, 이 경우 국가의 강제력을 통하여 실행하는 것을 집행이라고 한다.[28] 사적 실현은 금지되어 있고 오로지 국가를 통한 공적 실현만이 가능할 뿐이다.

0009
집행

집행에 대해서는 민법에서도 이에 대한 규정을 가지고 있으나,[29] 별도의 '민사집행법'을 두어 자세히 규정하고 있다. 민사집행법은 그 특성에 따라 돈을 받고자 하는 경우(금전집행)와 그 이외의 권리를 행사하고자 하는 경우(비금전집행)로 구별한다. 돈을 받고자 하는 경우에도 그 대상에 따라 부동산에 대한 집행, 선박/자동차/건설기계/항공기계에 대한 집행 및 동산에 대한 집행으로 나뉘고, 동산에 대한 집행은 유체동산에 대한 집행과 채권 그 밖의 다른 재산권에 대한 집행으로 다시 나누어진다.[30] 그 외의 권리에 따른 집행은 물건의 인도를 구하는 청구권의 집행과 작위/부작위/의사표시를 구하는 집행으로 나누어진다.

0010
민사집행법

강제집행을 하기 위해서는 이를 정당화할 수 있는 정당한 권원이 있음을 사전에 확인받아야 한다.[31] 이러한 정당한 권원을 '집행권원(채무명의)'이라 하고, 가장 대표적인 방법이 소송을 통해 법원의 판결을 받는 것이다. 판결의 경우에는 소송

0011
집행권원

---

28) 물론 무언가를 하여야 하는 자가 임의로 이를 하는 것도 가능하다.

29) 채무불이행과 관련하여 강제이행에 대한 민법 제389조가 그렇다. 이에 대한 내용은 뒤에서 자세히 다룬다.

30) 특히 돈을 받고자 하는 경우에는 그 실현여부가 돈을 갚아야 할 자의 재산에 달려있는 경우가 많다. 그 자에게 아무런 재산이 없을 경우 권리가 있다고 하더라도 그것을 실현시킬 방법이 없기 때문이다. 이 경우 그 자의 재산은 매우 중요한 의미를 가지는데, 그 자는 이 재산으로 타인의 권리에 대해 책임을 지므로, '책임재산'이라고 한다. 그 재산을 구성하는 부동산, 동산과 같은 물건이나 채권과 같은 권리에 대해서는 앞으로 자세히 다루게 된다. 특히 부동산, 동산과 같이 환가가 필요한 경우에는 경매절차가 진행된다.

31) 민사집행법에서는 강제집행에 대한 사항 뿐만 아니라 담보권 실행을 위한 경매도 함께 규정하고 있는데, 이는 강제집행의 경우와는 달리 권원의 확인절차를 필요로 하지 않는다. 이러한 경매를 임의경매라고 하는데 그 절차에 있어서는 강제집행으로 인한 경매(강제경매)와 별반 다르지 않다.

을 통해야 하므로 실제로 집행이 이루어지기까지 많은 시간이 소요된다. 그러나 판결 이외에도 화해조서, 인낙조서, 확정된 지급명령 또는 집행증서 등이 있으므로[32] 모든 강제집행에 있어 시간이 필요한 것은 아니다.

**0012**
**보전처분**
**가압류**
**가처분**

    소송을 통해 집행권원을 받아야 하는 경우라면, 미리 집행의 대상이 될 재산에 임시로 집행과 유사한 조치를 해 둘 필요가 있다. 그렇지 않은 경우 소송의 상대방이 재산을 빼돌려 집행자체가 이루어지지 않게 할 가능성도 있기 때문이다. 소송을 통하여 많은 비용과 시간을 소모하여 권리가 있음을 확인받은 경우에 이후 그 권리를 실현할 수 없다면 곤란할 것이다.[33] 이처럼 집행권원이 없는 상태에서 할 수 있는 집행과 유사한 조치를 '보전처분'이라고 하는데,[34] 이에는 돈을 받고자 하는 경우를 위한 '가압류'와 그 밖의 경우를 위한 '가처분'이 있다. 이러한 가압류 혹은 가처분은 소송에서 패소하여 집행권원을 확보하지 못하는 경우에는 아무 의미가 없게 되지만, 소송에서 승소하여 집행권원을 얻게 되면 보전처분 이후의 사항들은 전부 그 효력을 상실하여 집행의 실효성을 거둘 수 있게 된다.

---

32) 이러한 것들에 집행력을 인정하는 것은 확정판결과 동일한 효력이 인정되기 때문이다. 거래시 작성하는 서류에 공증을 받음으로써 집행력을 확보할 수 있는 방법도 있다는 것도 거래시 고려되어야 할 사항 중 하나이다.

33) 예컨대 땅을 넘겨받기 위해 소송을 제기하였으나 소송 도중 상대방이 그 땅을 다른 사람에게 넘겨준 경우, 돈을 받기 위해 소송을 제기하였으나 소송이 끝난 후 상대방에게 재산이 남아있지 않은 경우를 고려해 보면 쉽게 이해될 수 있을 것이다.

34) 이 역시 민사집행법에서 상세히 규정하고 있다.

법은 멀고
주먹은 가깝다?

## 법률정보조사

법을 학습함에 있어 가장 중요한 두 대상은 앞에서도 언급한 법과 판결이다. 예전에는 이 두 정보를 조사하는 것에 대해서도 어느 정도의 지식이 필요했지만, 지금은 인터넷의 발달로 검색창에 관련단어를 입력하는 것만으로도 쉽게 해당정보를 찾을 수 있다.

법률: 국가법령정보센터(www.law.go.kr)

판결: 대한민국법원종합법률정보(glaw.scourt.go.kr)[35]

법을 보다 적극적인 시각에서 접근하는 방식에는 법이나 판결에 대한 연구문헌, 소위 '논문'을 참조할 수도 있다. 논문이란 특정학자의 개인적인 견해에 불과하지만, 다수의 지지를 얻거나 법원에 의해 채택되는 식으로 영향력을 행사하기도 한다.[36] 논문을 보고자 하는 경우 편당 저작권료를 지불하여야 할 수도 있는데, 대학을 통할 경우 대개 무료로 이용할 수 있다. 논문검색에 편리한 곳을 예시로 들자면 다음과 같다.

논문: 한국교육학술정보원(www.riss.kr)

---

35) 헌법재판소의 결정은 빠져있다. 앞서 언급한 헌법의 위상과 역할에 비추어서도 헌법재판소의 결정내용에 대해 알 필요가 있는데, 이에 대해서는 헌법재판소(www.ccourt.go.kr)를 참조하면 된다.

36) 사실 법원의 판결도, 특히 법에 대한 해석에 있어서는, 법원의 개인적인 견해라고도 할 수 있지만, 실제 분쟁해결의 기준이 됨으로써, 그리고 그 집적을 통해 판례법리를 형성함으로써 매우 큰 의미를 가지게 되는 것이다. 앞서 언급한 대로 법원의 판결도 때로 잘못될 수도 있고, 시간이 지나면 변경될 수 있는데, 이 경우 관련분야에 대한 특정학자의 개인적인 견해들이 영향을 미치기도 한다.

# 1-1   부동산거래의 시작

: 부동산매매계약의 성립

부동산거래의 시작은 당사자가 이를 약속함으로써 시작된다. 지켜야 하는 약속, 그중에서도 지키지 않았을 때 법의 강제력이 부여될 수 있는 약속을 '계약'이라고 한다. 계약이 어떻게 성립되는지, 즉 어떻게 약속을 하여야 하는지는 원칙적으로 당사자가 알아서 해야 할 문제이다. 가장 중요한 것은 당사자 사이에 합의, 즉 의사의 일치가 존재하여야 한다는 것이다.

**1101**
**계약**

대개 계약의 주요내용에 대해서는 '교섭' 혹은 '흥정'이 이루어진다. 마음에 드는 집이나 땅이라고 해서 강제로 이를 가질 수는 없고 자신의 집이나 땅을 누구에게 강제로 팔 수는 없는 노릇이다. 계약이 이루어지기까지 많은 과정을 거치게 될 수도 있다. 마음에 드는 집이나 땅을 발견하고서 주인을 찾아가 팔라고 권하는 경우도 있다. 처음에는 팔지 않겠다는 주인도 사고자 하는 사람이 더 많은 돈을 주겠다고 하면 마음이 바뀔지도 모를 일이다. 집이나 땅을 팔겠다고 했는데 사고자 하는 사람이 없자 값을 깎아주겠다고 할 수도 있다. 부동산의 가격이 오르고 있는 과정이라면 팔고자 하는 쪽이, 반대의 경우라면 사고자 하는 쪽이 이 과정에서 우위를 점한다. 이 경우 자신에게 유리한 가격으로 정하고자 함이 교섭 혹은 흥정의 모습으로 나타나게 되는 것이다. 교섭 혹은 흥정은 합의를 위한 과정이므로 합의가 이루어진 경우 그 동안 있었던 교섭과 흥정의 내용은 대개 법률적 의미를 가지지 못한다.[1]

**1102**
**교섭 혹은**
**흥정**

---

1) 다만 계약이 성립하지 않은 경우에는 예외적으로 법률적인 의미를 가지는 경우가 있다. 이에 대해서는 추후 다시 설명한다.

## 물건, 부동산, 동산 그리고 사람

우리법은 물건에 대해 민법 제98조 이하(민법 제1편 총칙/제4장 물건)에서 규정하고 있다. 민법 제98조에서 유체물 및 전기 기타 관리할 수 있는 자연력을 물건이라고 하는데, 통상 권리의 대상이 된다.[2]

물건은 여러 가지로 분류될 수 있는데, 우리 민법 제99조 제1항에서는 토지(땅) 및 그 정착물(대표적으로 건물)을 부동산이라고 하고, 제2항에서 그 외 모든 물건을 동산으로 규정하고 있다.[3] 부동산 외에 모든 물건을 동산으로 파악하고 있으니 세상의 물건은 부동산이거나 동산이며 그 외 다른 물건은 존재할 수 없다. 부동산과 동산의 구별은 그 특징으로 말미암아 법 전반에 걸쳐 매우 중요한 의미를 가진다.[4]

특히 주의할 것은 토지의 정착물 중 특히 건물의 경우에는 토지와 별개의 부동산으로 본다는 것이다.[5] 이는 각각에 대해 별개의 권리가 성립할 수 있다는 것으로 우리의 일상과 조화되지 않는 부분이 있다. 토지와 건물을 별개의 부동산으로 보는 것은 우리법의 특이한 태도 중 하나이며 이로 인해 다양하고 복잡한 법적규율이 필요하기도 한다.[6]

금전은 물건이나, 부동산이 아니므로 동산이다. 다만 금전은 그 가치에 초점이 맞추어져 있으므로 일반적인 동산과 마찬가지로 취급되지는 않음을 주의할 필요가 있다. 예컨대, 금전은 가지고 있으면[7] 곧 금전의 주인, 즉 소유하고 있는

---

2) 흔히 물건을 권리의 객체라고 칭하는 것도 마찬가지의 취지이다. 그렇다고 권리의 대상이 되는 것이 모두 다 물건인 것은 아니다.

3) 반드시 그런 것은 아니지만 글자 그대로 대개 부동산은 고정되어 있어 움직이지 못하고, 동산은 고정되지 않아 움직일 수 있는 것들이다. 정착물이 토지로부터 분리된 경우 더 이상 부동산이 아니게 되기도 한다.

4) 다만 동산 중에서 일정한 경우는 부동산과 마찬가지의 법적 규율을 하고 있음을 주의할 필요가 있다. 자동차, 선박, 항공기 등이 그렇다.

5) 건물 이외의 대개의 정착물은 그 독립성이 인정되지 않고, 땅의 일부분으로 취급되고 있음을 주의할 필요가 있다.

6) 대표적으로 뒤에서 보게 되는 '법정지상권'이 그 예이다.

7) 가지고 있는 것을 법에서는 '점유'라고 한다. 점유에 대해서는 우리 민법 제192조 이하

것이고, 따라서 원래 그 금전의 소유자여야 할 사람이 금전에 대해 자신의 소유를 주장할 수 없게 된다.[8] 또한 개성이 없으므로 그 금전 자체보다 가치만이 중요한 의미를 가지게 된다.[9] 그 외에도 금전임에 집중하여 특별한 규율이 이루어진다.[10]

민법에서는 부동산과 동산의 구별 외에도 물건을 주물과 종물로(민법 제100조), 원물과 과실(민법 제101조, 제102조)로 구별하기도 한다.[11]

물건이 권리의 대상이라면, 권리의 주체는 바로 사람이다. 사람은 나면서부터 권리를 가질 수 있게 되고('권리능력'), 사람 이외에는 그 어떤 존재도 권리를 가질 수 없다.[12] 다만 사람의 필요에 의해서 일정한 단체에게 사람과 마찬가지로 권리능력을 부여하기도 한다('법인').[13] 권리의 주체인 사람은 동시에 그 대상인 물건이 될 수 없고, 반대로 사람이 아닌 한 통상적으로 물건이 된다.[14]

---

(민법 제2편 물권/제2장 점유권)에서 규정하고 있는데, 자세한 내용은 앞으로 관련된 부분에서 설명하기로 한다.

8) 이는 원래 그 금전의 소유자여야 할 사람이 법의 조력을 받아 주장할 수 있는 권리 자체가 달라짐을 의미한다.

9) 때문에 우리 민법 제376조에서 규정하고 있는 것처럼 돈의 지급이 문제가 될 경우 그 가치가 유지되는 한 다른 방안도 존재하게 된다. 뒤에서 자세히 다룬다.

10) 대표적으로 민법 제397조가 그렇다. 뒤에서 자세히 다룬다.

11) 종물은 주물의 처분에 따르기 위한 법적 구성이고, 과실은 그것이 누구의 소유인지를 정하기 위한 법적 구성이다.

12) 동시에 사람만이 의무를 부담할 수 있다. 언제부터 사람이며, 또한 언제까지 사람인지는 사람을 어떻게 정의하느냐에 따라 다르다. 통상적으로는 아무 문제가 없을 것 같은 이 질문은, 태아를 사람으로 볼 것인지, 뇌사자를 사람으로 볼 것인지 등 경계의 영역에서는 한없이 치열한 논쟁의 대상이 되기도 한다. 그 외에도 사람과 관련된 주소(민법 제1편 총칙/제2장 인/제2절 주소)와 부재 및 실종(민법 제1편 총칙/제2장 인/제3절 부재와 실종)이 사람과 관련하여 규정되어 있다.

13) 법인의 가장 대표적인 경우가 회사인데, 그렇다고 해서 회사만이 법인인 것만은 아니므로, 법인에 대해서는 민법에서 기본적인 규정을 두고 있다(민법 제1편 총칙/제3장 법인). 회사에 대한 법적 문제에 있어서는 회사에 대해 규정하고 있는 상법이 먼저 적용되고, 민법은 보충적으로 적용된다. 즉 상법은 민법의 특별법이다.

14) 최근 동물의 권리성을 인정하고자 하는 논의가 많이 이루어지고 있으나, 우리 법질서에서는 사람이 아닌 한 원칙적으로 물건으로 취급될 수 있을 뿐이다.

<table>
<tr><td>1104<br>계약의 성립</td><td>계약의 성립에 대해서 민법 제527조 이하(제3편 채권/제2장 계약/제1절 총칙/제1관 계약의 성립)에서도 몇 가지 사항을 규정하고 있다. 합의가 이루어져야 한다는 내용에 대한 직접적인 선언은 없지만, '청약'과 '승낙'이라는 교섭과 흥정의 과정에서 발견할 수 있는 당사자의 '의사표시'에 대한 여러 규정들을 통해 이를 확인할 수 있다.</td></tr>
</table>

1104
계약의 성립

계약의 성립에 대해서 민법 제527조 이하(제3편 채권/제2장 계약/제1절 총칙/제1관 계약의 성립)에서도 몇 가지 사항을 규정하고 있다. 합의가 이루어져야 한다는 내용에 대한 직접적인 선언은 없지만, '청약'과 '승낙'이라는 교섭과 흥정의 과정에서 발견할 수 있는 당사자의 '의사표시'에 대한 여러 규정들을 통해 이를 확인할 수 있다.

1105
의사표시
법률행위

## 의사표시, 법률행위

의사표시는 쉽게 말하자면 내면의 의사를 표시하는 것이다. 계약은 서로의 의사가 합치하는 것이므로, 계약의 경우에는 원칙적으로 두 개의 의사표시가 존재하게 된다. 그런데 계약과 같이 의사표시가 포함되어 있는 당사자의 행위를 '법률행위'[15]라고 그렇지 않은 경우와 구별한다.[16]

민법 제107조 이하(민법 제1편 총칙/제5장 법률행위/제2절 의사표시)에서 이를 규정하고 있다. 대개 의사와 표시는 일치하지만, 그렇지 않은 경우가 있어 이에 대한 규율이 주를 이룬다. 의사와 표시가 일치하지 않으면 그러한 의사표시를 한 자(표의자)는 원치 않은 표시를 한 것이 되므로[17] 그 표시를 바탕으로 성립

---

15) 법률행위란 사람이 자신의 자유의사에 기반하여 자신의 법률관계를 형성하는 행위를 의미하는데, 그중 가장 대표적인 것이 '계약'이다. 현대사회에서 거래라는 것이 대개 '계약'의 체결에서 시작한다는 점을 생각한다면, 법률행위가 얼마나 중요한 의미를 가지는지는 더 이상 설명이 필요하지 않다. 법률행위에는 계약 이외에도 일방의 의사만으로 성립하는 단독행위 등이 존재하므로 민법에서는 계약에 한정하지 않고 법률행위를 대상으로 규율을 시도하고 있는 것이다. 하지만 계약이 가장 중요하므로 법률행위에 대한 규정을 계약에 대한 규정으로 이해하여도 지금으로서는 무방할 것이다. 그런데, 우리법은 계약에 대해서는 민법의 뒷부분(민법 제3편 채권/제2장 계약)에서, 법률행위에 대해서는 민법의 앞부분(민법 제1편 총칙/제5장 법률행위)에서 규정하고 있다. 이는 앞에서 언급한 대로 우리 민법전이 개별적이고 구체적인 것에 앞서 공통점을 따로 모아 먼저 규정하였기 때문인데, 이러한 민법전의 구조를 잘 이해하는 것이 민법을 학습하는 데 있어서 반드시 필요하다. 계약이 문제될 경우 계약을 직접 규정한 부분만을 참고하는 것이 아니라, 법률행위에 대한 부분도 동시에 확인하여야 한다는 뜻이다.

16) 뒤에서 살펴보는 바와 같이 법률행위를 하면 그에 대한 법률에 따른 효과가 부여된다. 법률행위가 아니면서도 효과가 부여되는 경우도 있다. 사람의 출생과 사망 같은 사건이 대표적인 예이다.

17) 상대방이 있는 의사표시에서는 통상적으로 내면의 의사보다 표시된 내용 자체가 중요하

한 계약의 효력을 부정할 필요성이 있게 되는데, 이에 대해서는 잠시 후 자세히 살펴보기로 한다. 그 외 내용을 소개하면, 의사표시는 상대방에게 도달하여야 의미가 있는 것이 원칙이고(민법 제111조 제1항),[18] 도달하기 전에는 이를 회수(철회[19])할 수 있지만, 발신 후 표의자가 사망하거나 행위능력을 상실한 경우에도 의사표시의 효력에는 영향을 미치지 않는다(민법 제111조 제2항). 의사표시의 상대방이 행위능력이 없는 경우에는 표의자는 그 의사표시의 효력을 주장할 수 없고(민법 제112조 본문),[20] 다만 행위능력없는 자의 부모 등 법정대리인이 의사표시를 도달한 사실을 안 후에는 그 효력이 있다(민법 제112조 단서).[21] 행위능력에 대해서는 잠시 후 다시 소개한다.

---

다. 상대방의 입장에서는 의사표시자의 내면의 의사를 아는 것은 불가능하기 때문이다. 따라서 뒤에서 보는 바와 같이 계약은 표시된 내용을 기준으로 이를 해석하여 합의가 있는지, 그 내용은 무엇인지를 확정하게 된다.

18) 이는 주로 우편으로 의사표시를 전달하던 100여 년 전에 마련된 규정으로 대부분 발신과 도달이 동시에 이루어지는 현대에는 그 의미가 없는 것은 아니지만 그 실용적인 측면이 많이 제한되었다고 할 수 있다. 예외적으로 의사표시의 효력발생시기를 발신을 한 때로 앞당긴 경우도 있는데, 격지자간의 계약성립시기를 규정한 민법 제531조가 그 대표적인 예이다. 이 경우 표의자가 발신을 하였다는 점만 입증하면 그 의사표시의 효력은 있는 것이 되기 때문에 '발신주의'는 그만큼 표의자를 보호하기 위한 것이 된다. 도달은 상대방의 영역에서 결정되는 문제이므로 그 입증이 쉽지 않은데, 다만 의사표시가 도달하여야 효력이 발생하는 '도달주의'에서도 일정한 제도를 통해서 도달되었음을 보다 쉽게 인정할 수 있는 경우가 있다. 등기우편이 그렇고, 어떤 내용인지까지도 기록에 남겨두는 내용증명우편도 있다. 상대방을 알지 못하거나 소재를 파악하지 못하는 경우를 위해 공시송달(민법 제113조)과 같은 제도도 있는데 이 경우 의사표시가 도달된 것으로 본다.

19) 철회는 당사자 일방이 의사표시를 회수하는 것으로, 의사표시가 효력이 발생하기 전뿐만 아니라 후에도 철회라고 하기도 한다. 민법 제527조에서 계약의 청약은 이를 철회하지 못한다고 규정한 것이 그렇고, 또한 소비자계약에서의 청약철회의 경우도 그렇다.

20) 법규정에서는 "대항할 수 없다."고 규정하고 있는데, 이 경우 그 사람에 대해서는 법률에서 인정되는 효과를 주장하지 못함을 뜻한다. 우리법의 여러 곳에서 이와 같은 규정 내용을 볼 수 있다.

21) 법규정에서는 "그러하지 아니하다."고 규정하고 있는데, 통상적으로 앞문장의 효과와 달리 보겠다는 뜻이다. 그 뜻이 쉽게 파악되지 않으므로 주의를 요한다.

| 1106<br>청약<br>승낙 | 청약은 계약의 성립을 위한 제안이고 승낙은 청약을 받아들이는 것을 의미하는데,[22] 민법은 다음의 내용을 규정하고 있다. 청약은 철회될 수 없고(민법 제527조),[23] 승낙은 기간을 정한 경우에는 기간 내에 그리고 기간을 정하지 않은 경우에도 상당한 기간 내에 도달하여야 계약을 성립시킬 수 있으며(민법 제528조, 제529조), 늦게 도착한 승낙은 새로운 청약으로 볼 수 있다(민법 제530조). 그리고 격지자간의 계약은 승낙이 발송된 때에 성립한다고 특례를 인정하고 있으며(민법 제531조), 의사실현에 의한 계약성립(민법 제532조)과 교차청약에 의한 계약성립(민법 제533조)을 인정하고 있다. 청약에 대해 변경을 가한 경우에는 이를 승낙이 아니라 새로운 청약으로 보고 있다(민법 제534조). |
|---|---|
| 1107<br>오늘날<br>계약성립의<br>모습 | 위와 같은 민법의 규정들은 이 법이 처음 만들어진 100여 년 전의 모습,[24] 즉 서로 멀리 떨어져 있었던 당사자들(격지자) 사이에서 우편으로 서로의 뜻을 주고받던 시절의 것이어서, 현대에 이르러서는 통신기술의 발달로 큰 의미를 가지지 못할 수도 있다. 그리고 현대의 계약은 교섭을 통해 수없이 많은 제안이 오고갔을 것이며, 계약의 마지막에는 서로의 합치된 의사를 확인하는 절차를 거치게 된다. 따라서 합의의 존재를 확인하는 것이 오히려 더 중요하다고 할 것이다.[25] |

---

22) 때문에 청약은 승낙이 이루어진 경우 곧바로 계약을 성립시켜도 좋을 만큼 구체적이며 확정적이어야 한다. 그렇지 못한 경우에는 '청약의 유인'으로 평가될 수 있을 뿐이다.

23) 청약이 상대방에게 도달되기 전에 철회하는 것은 당연히 가능하다.

24) 이에 대해서는 앞서 의사표시의 도달주의를 설명하면서 소개한 바와 같다.

25) 현대에 있어서는 계약이 복잡하게 이루어지기 때문에 합의가 존재하는지도 결코 단순하게 판단될 문제가 아니다. 어떠한 부분에 대한 합의가 있어야 하는지 사소한 불일치가 존재하는 경우에 어떻게 되는지에 대해서는 잠시 후 다시 소개한다.

교섭과정에서 승낙은 하나지만
청약은 수도 없이 많이 이루어진다?

**1108**
**매매**

물건을 사고 파는 계약을 민법에서는 '매매'라고 부르고 있다. 민법 제563조 이하(민법 제3편 채권/제2장 계약/제3절 매매)에서는 매매라는 이름의 계약에 대해서 규정하고 있다. 사실 계약은 당사자가 합의하는 대로 내용이 달라질 수 있는 것이기에 일일이 이름을 붙이는 것은 의미가 없을 수 있지만, 그럼에도 실제로 많이 활용되는 계약을 미리 민법에 규정해 놓고 있다.[26]

**1109**
**계약의 종류**

## 계약의 종류

민법상 계약은 증여, 매매, 교환, 소비대차, 사용대차, 임대차, 고용, 도급, 여행계약(2015년 신설), 현상광고, 위임, 임치, 조합, 종신정기금, 화해의 15개가 규정되어 있는데, 민법전에 있는 계약을 특별히 '전형계약'이라고 하여 다른 '비전형계약'과 구별한다. 하지만 비전형계약이라고 해서 덜 중요한 것도 아니고, 전형계약 중에서도 더 이상 많이 활용되지 않거나(예컨대 종신정기금) 다른 법에 의해서 대체되고 있는 것(예컨대 고용)도 있다. 그럼에도 일정한 계약들은 현대에서도 여전히 중요한 의미를 가지며, 복합적 성격을 지니는 계약의 경우에도 그 내용에 따라 관련법규정이 적용되기도 한다. 물론, 계약에 대한 많은 조항들은 당사자들이 합의로 배제할 수 있음이 원칙이라,[27] 계약에 대한 경험이 많아질수록 관련법규정이 나날이 무의미해지고 있는 것도 현실이다. 즉 계약을 함에 있어 모든 사항을 빠짐없이 다룬다면 민법의 규정들은 참고할 필요가 없을 수도 있는데, 그럼에도 미처 합의하지 못한 부분에 있어서는 여전히 민법규정들이 의미가 있으며, 특히 이러한 규정을 통해 가장 일반적이고 공평한 형태의 계약의 모습을 볼 수 있다.

또한, 개별적인 계약을 공통적인 특징을 중심으로 유형화하고 있기도 하다. 이러한 분류가 항상 충분히 타당하지는 못하겠지만, 민법은 이러한 유형화를 전

---

26) 물론 이는 100여 년 전 기준으로 규정되었기 때문에 현재에 그대로 들어맞는 것도 아니지만, 물건을 사고 파는 내용의 계약은 지금까지도 가장 대표적인 계약으로 많이 활용되고 있다.

27) 이러한 규정을 '임의규정'이라 하는데(민법 제105조), 임대차와 같은 경우에는 당사자가 합의로서 배제하는 경우에도 그대로 적용되는 '강행규정'이 많아서 계약을 할 때 주의를 요한다.

제로 규율한 경우가 있으므로, 그 뜻을 파악할 필요가 있다. 특히, 의미있는 경우를 적으면 다음과 같다.

(1) 계약은 원칙적으로 당사자가 합의만 하면 성립되지만('낙성계약'), 당사자의 합의 이외에도 이행이 동시에 이루어져야 하는 계약도 있다('요물계약'). 그러한 계약은 개별적으로 기억해 두는 것이 좋다. 합의했다고 안심하고 있어서는 안 되기 때문이다.

(2) 계약은 서로가 서로에게 무언가를 해주기로 약속하는 경우가 대부분이겠지만('쌍무계약'), 그렇지 않을 수도 있다('편무계약'). 쌍무계약은 서로가 부담하는 의무끼리 관련성이 있으므로 상대방이 안 할 경우 나도 할 필요가 없으며 (동시이행의 항변), 상대방이 못하게 된 경우 나도 더 이상 해주지 않아도 되게 되는 경우가 있다(위험부담).[28]

(3) 계약으로 인해 의무를 지게 되면서 그에 대한 대가가 있는 경우가 있지만 ('유상계약'), 그렇지 않은 경우도 있다('무상계약'). 유상계약은 쌍무계약과 대부분 겹치지만 어떠한 관점이냐에 따라 다르게 보는 것이므로 양자의 관련성에 크게 집중할 필요는 없다. 민법은 물건을 팔기로 한 자가 제대로 된 물건을 줄 수 없게 된 경우에 그 대가인 매매대금도 전부 받을 수 없도록 하고 있는데(매도인의 담보책임), 이러한 내용은 모든 유상계약에도 동일하게 적용된다.[29]

---

28) 이에 대해서는 뒤에서 자세히 다룬다.
29) 이에 대해서도 뒤에서 자세히 다룬다.

1110
**부동산매매
계약**

매매가 반드시 부동산만을 대상으로 하는 것은 아니지만, 본서에서는 부동산의 경우에 한정하여 논의를 진행한다. 부동산과 동산의 구별은 계약의 단계에서도 차이점을 드러낸다. 물론 기본적인 구조는 동일하므로 본서의 논의가 동산의 경우에도 적용될 수 있을 것이지만, 세세한 곳에서 발생하는 차이를 구별할 수 있어야 한다.[30]

---

30) 가장 현실적인 문제는 부동산은 대개 대체가 되지 않지만, 동산은 얼마든지 대체가 된다는 것이다. 이 점은 법적 규율에 있어서도 영향을 미친다.

계약의 종류는
무수히 많다?

| | |
|---|---|
| **1111**<br>**매도인**<br>**매수인** | 매매계약을 통해 부동산을 파는 사람을 '매도인'이라고 하고, 사는 사람을 '매수인'이라고 한다.[31] |
| **1112**<br>**계약을 할 수**<br>**있는 자격** | 앞에서 살펴본 대로 부동산을 사고파는 것은 계약에 의해서 가능한데, 계약은 아무나 할 수 있는 것은 아니다. 스스로 결정하고 이를 지키지 못할 경우에 책임을 질 수 있는 사람이어야 하므로, 민법은 만 19세가 넘은 성년자(성인)들만 계약을 체결할 수 있도록 하고 있다(민법 제4조, 제5조). 이는 모든 계약에 있어서 마찬가지이므로 매매계약도 원칙적으로 만 19세 이상인 성인들만 체결할 수 있다. |

---

31) 이는 민법 제568조 이하에서도 확인할 수 있는 바이다.

1113
의사능력
책임능력
행위능력

## 의사능력, 책임능력, 행위능력

앞서 사람은 권리의 주체가 될 수 있다는 점을 지적하였다. 하지만 그렇다고 하여 사람이 언제나 계약을 할 수 있는 것은 아니다. 계약을 체결하기 위해 사람은 자신의 행위가 가지는 의미를 알 필요가 있으며('의사능력'), 그로 인해 발생하는 책임을 질 수 있어야 한다('책임능력').[32] 이러한 능력이 없는 경우에는 계약의 효력은 아예 부정한다.

더 나아가, 법에서는 정책적으로 만 19세[33]를 기준으로 하여 획일적으로 계약을 체결할 수 있는 능력('행위능력')을 가지고 있는 것으로 하고, 그에 미치지 못하는 경우는 특별한 보호를 하고 있다. 우리 민법은 만 19세가 되지 못한 미성년자가 계약한 경우에는 원칙적으로 취소할 수 있는 것으로 하고 있는데(민법 제5조 제2항), 계약을 함에 있어 상대방이 미성년자인지 여부를 꼭 따져줄 필요가 있다. 물론 미성년자의 경우에도 계약을 해야 할 필요가 있을 수가 있으므로 그를 보완하기 위한 여러 예외가 존재하며(민법 제6조, 제8조 등), 상대방을 보호하기 위한 제도도 마련되어 있다(민법 제15조, 제16조 등). 미성년자가 아닌 만 19세 이상의 성년인 경우에도 행위능력이 제한되는 경우가 있다. 이러한 제한능력자에 대해서는 민법 제9조 이하에서 규정하고 있다.[34]

---

32) 이는 계약이 당사자의 자유로운 의사로 법률관계를 형성하는 수단이라는 점에서 당연히 요구되는 점이라 할 것이다. 이 능력들은 획일적 기준에 의하는 것이 아니고 개별적으로 판단된다.

33) 만 19세가 넘는 자를 성년자로 보는 것은 민법의 규정사항이지만, 이는 단지 사적영역에서만 의미가 있는 것이 아니라 우리나라 전체 법질서에서도 마찬가지로 적용된다. 다만 개별영역마다 관련법에서 유효한 행위를 할 수 있는 나이에 대해서 제각각 규정하고 있다(예컨대, 운전면허취득가능연령, 음주가능연령, 피선거권연령 등). 나이계산을 어떻게 할 것인지에 대해서는 기간에 대한 민법 제155조 이하(민법 제1편 총칙/제6장 기간)에서 관련된 규정이 있다. 기간은 거래에 있어서 중요한 의미를 가지는 경우가 많은데, 그 뿐만 아니라 이 규정은 전체 법질서에 모두 적용된다.

34) 특히 후견과 관련하여 우리 민법의 규정(민법 제4편 친족/제5장 후견)이 대폭 강화되었다. 관련하여 이해하여야 한다.

**1114**
**대리**

　　계약을 꼭 스스로 할 필요는 없다. 계약을 할 능력이 없을 때에도 다른 사람을 시켜야 할 수 있고(능력의 보충), 계약할 능력이 있음에도 다른 이유로 다른 사람을 시킬 수도 있다(능력의 확장). 이를 '대리'라 하고, 이는 계약의 당사자가 되고자 하는 '본인'이 자신을 대신해 계약을 할 수 있는 권한인 '대리권'을 '대리인'에게 부여함으로써 가능하게 된다.[35] 이 경우 계약의 나머지 당사자를 '상대방'이라고 한다. 이러한 대리에 대해서는 민법 제114조 이하(민법 제1편 총칙/제5장 법률행위/제3절 대리)에서 규정하고 있다.

---

35) 예외적으로 일정한 법적지위에 있는 자가 법률의 규정에 의해 대리권을 가지는 경우가 있는데, 이를 '법정대리'라 한다. 미성년자의 부모가 이러한 대리권을 가지는 대표적인 경우이다(민법 제911조).

대리의 기본적인 구조는 대리인이 한 행위의 효과가 대리권을 부여한 본인에게 귀속되는 것으로, 대리인이 계약을 체결한 경우에는 본인이 계약의 당사자가 된다. 쉽게 말해 부동산을 팔기 위해 대리인을 선정하고 대리인이 대리행위를 하여 매매계약을 성립시킨 경우 그 계약의 당사자 즉, 매도인은 대리인이 아니라 대리인을 선정한 사람 즉, 본인이 되는 것이다.

**1115**
**대리의**
**기본구조**

이를 위해 대리인이 한 대리행위는 반드시 대리행위의 형식을 갖추어야 하는데, 자신이 대리인임을 밖으로 표시하여야 한다(민법 제115조: 현명주의). 그렇지 않을 경우에는 원칙적으로 대리가 아니게 되어 행위자 자신에게 행위의 효력이 미치며, 계약을 체결한 경우 자신이 계약의 당사자가 된다. 다만 상대방이 대리인으로서 한 것임을 알았거나 알 수 있었을 경우에는 대리행위를 한 것으로 본다(민법 제115조 단서).

**1116**
**대리의 방식**
**현명주의**

행위를 직접 하는 당사자는 대리인이므로 행위에 문제가 있는지 여부는 대리인을 기준으로 판단함은 당연하며(민법 제116조), 우리법은 대리인은 행위능력이 있을 필요도 없다고 한다(민법 제117조).

**1117**
**대리행위의**
**하자**

## 무권대리, 표현대리

대리인은 대리권이 있어야 하는데, 대리권이 없을 경우를 '무권대리'라고 하여 대리인으로 한 계약의 효력을 부정한다(민법 제130조). 단순히 대리권이 없는 경우뿐만 아니라 권한 외의 행위를 한 경우, 대리행위에 대한 제한사항(예컨대, 민법 제124조)을 위반한 경우에도 무권대리가 된다. 다만 본인이 사후적으로 이를 승인(추인)할 수도 있고, 상대방에게도 스스로를 보호할 수 있도록 추인을 재촉하거나(민법 제131조: 최고권) 계약의 합의를 위해 자신이 한 말을 회수할 수 있다(민법 제134조: 철회권).[36) 계약이 무효가 된 경우에는 행위를 한 대리인이 책임을 져야 한다(민법 제135조).

반대로, 일정한 경우 본인이 책임을 지는 경우도 있다('표현대리'). 이는 대리인에게 대리권이 있는 것으로 볼 수밖에 없는 경우에 상대방을 보호하기 위해서인데, 대리권수여의 표시에 의한 경우(민법 제125조), 대리인이 자신의 대리권을 넘어 행위한 경우(민법 제126조), 대리권이 소멸한 경우(민법 제129조)에 상대방이 대리인의 대리행위가 대리권에 기해 유효하게 이루어진 것임을 정당하게 신뢰할 수 있는 경우에 상대방의 보호를 위해 마치 유효한 대리행위가 있었던 것으로 본다.[37) 즉 본인에게 대리행위의 효과가 귀속되고 대리인을 통해 체결한 계약의 당사자가 된다.

---

36) 관련 규정을 보면 상대방이 대리인의 권한없음을 알고 있었는지와 무관하게, 혹은 몰랐던 경우에 한정하여 그러한 권한이 있음을 알 수 있다. 그 요건을 분명하게 인식할 필요가 있다.

37) 외관을 신뢰한 자를 보호하는 이러한 구조를 외관법리라고도 한다. 사회가 복잡해지고 거래의 안정을 보호하기 위한 외관법리가 점차 늘어나고 있다.

내가 하지 않은 일에
책임을 져야 할 경우도 있다?

**1119**
**계약의 내용**

계약을 할 때는 어떠한 사항을 합의해야 할지, 즉 '계약의 내용'은 미리 정해져 있는 것은 아니다. 다만 계약의 뼈대가 될 수 있는 사항에 대해서 정해지지 않으면, 어떠한 계약이 이루어졌는지를 알 수가 없다.[38] 따라서, 그 계약의 정체성을 정할 수 있는 기본적인 사항에 대해서는 합의가 있을 것을 요하는데, 대신 다소 지엽적인 부분에 대해서는 반드시 모두 합의되지 않았더라도 계약은 성립된 것으로 볼 수 있지만, 지엽적인 부분이라고 할지라도 일단 다루어진 이상은 반드시 그 부분에 대해서도 합의가 있어야 한다.[39]

**1120**
**부동산매매**
**계약의 내용**

부동산을 매매하는 경우에는 무엇보다 중요한 것은 부동산의 특정, 그리고 부동산의 가격, 즉 매매대금이 될 것이다. 또한 매매대금의 지급시기와 통상적으로는 이와 동시에 언제 부동산이 넘어가 부동산의 소유자가 바뀌는지의 문제가 계약에서 중요한 내용이 된다. 이러한 것은 시중에서 흔히 사용되는 계약서를 통해서도 확인될 수 있다.

---

38) 앞에서 설명한 바와 같이, 청약은 그 자체로 충분히 확정적이어야 하므로, 이러한 사항을 모두 담고 있어야 한다. 따라서 계약이 성립되면 청약의 내용이 곧 계약의 내용이 되는데, 이에 대한 예외를 부동산거래에서 확인할 수 있다. 부동산을 매매하는 경우 통상적으로 물건을 직접 보고 그 상태대로 구입하는 것이 보통이다. 다만 아직 존재하지 않는 아파트를 분양받는 경우(선분양 후시공)에는 직접 보지 못하고 분양광고와 모델하우스 등을 통해 확인될 수 있는 물건을 대상으로 계약을 했다가 나중에 실제물건이 다른 경우가 종종 발생한다. 이 경우 원칙적으로 청약이라고 볼 수 없는 분양광고 등의 내용이 계약의 내용으로 포함될 것인지에 대해서, 대법원 2007. 6. 1. 선고 2005다5812, 5829, 5836 판결을 참조하고, 이를 대법원 2014. 11. 13. 선고 2012다29601 판결과 비교해 보라.

39) 이러한 내용은 "계약이 성립하기 위하여는 당사자의 서로 대립하는 수개의 의사표시의 객관적 합치가 필요하고 객관적 합치가 있다고 하기 위하여는 당사자의 의사표시에 나타나 있는 사항에 관하여는 모두 일치하고 있어야" 한다는 대법원 2003. 4. 11. 선고 2001다53059 판결과 "계약이 성립하기 위하여는 당사자 사이에 의사의 합치가 있을 것이 요구되고 이러한 의사의 합치는 당해 계약의 내용을 이루는 모든 사항에 관하여 있어야 하는 것은 아니나 그 본질적 사항이나 중요 사항에 관하여는 구체적으로 의사의 합치가 있거나 적어도 장래 구체적으로 특정할 수 있는 기준과 방법 등에 관한 합의는 있어야" 한다는 대법원 2001. 3. 23. 선고 2000다51650 판결에서도 확인될 수 있다.

# 부 동 산 매 매 계 약 서

매도인과 매수인 쌍방은 아래 표시 부동산에 관하여 다음 계약 내용과 같이 매매계약을 체결한다.

**1.부동산의 표시**

| 소 재 지 | | | | | | |
|---|---|---|---|---|---|---|
| 토 지 | 지 목 | | 대지권 | | 면 적 | ㎡ |
| 건 물 | 구조용도 | | 면 적 | | | ㎡ |

**2. 계약내용**

제 1 조 (목적) 위 부동산의 매매에 대하여 매도인과 매수인은 합의에 의하여 매매대금을 아래와 같이 지불하기로 한다.

| 매매대금 | 금 | | | 원정(₩ | | | ) |
|---|---|---|---|---|---|---|---|
| 계 약 금 | 금 | | 원정은 계약시에 지불하고 영수함. | | 영수자( | | ㊞ ) |
| 융 자 금 | 금 | 원정( | 은행)을 승계키로 한다. | 임대보증금 | 총 | 원정 을 승계키로 한다. | |
| 중 도 금 | 금 | | 원정은 | 년 | 월 | 일에 지불하며 | |
| | 금 | | 원정은 | 년 | 월 | 일에 지불한다. | |
| 잔 금 | 금 | | 원정은 | 년 | 월 | 일에 지불한다. | |

제 2 조 (소유권 이전 등) 매도인은 매매대금의 잔금 수령과 동시에 매수인에게 소유권이전등기에 필요한 모든 서류를 교부하고 등기
절차에 협력하며, 위 부동산의 인도일은 _____ 년 _____ 월 _____ 일로 한다.

제 3 조 (제한물권 등의 소멸) 매도인은 위의 부동산에 설정된 저당권, 지상권, 임차권 등 소유권의 행사를 제한하는 사유가 있거나,
제세공과 기타 부담금의 미납금 등이 있을 때에는 잔금 수수일까지 그 권리의 하자 및 부담 등을 제거하여 완전한 소유권을 매수인
에게 이전한다. 다만, 승계하기로 합의하는 권리 및 금액은 그러하지 아니하다.

제 4 조 (지방세 등) 위 부동산에 관하여 발생한 수익의 귀속과 제세공과금 등의 부담은 위 부동산의 인도일을 기준으로 하되, 지방세의
납부의무 및 납부책임은 지방세법의 규정에 의한다.

제 5 조 (계약의 해제) 매수인이 매도인에게 중도금(중도금이 없을때에는 잔금)을 지불하기 전까지 매도인은 계약금의 배액을 상환하고,
매수인은 계약금을 포기하고 본 계약을 해제할 수 있다.

제 6 조 (채무불이행과 손해배상) 매도인 또는 매수인이 본 계약상의 내용에 대하여 불이행이 있을 경우 그 상대방은 불이행한자에 대
하여 서면으로 최고하고 계약을 해제할 수 있다. 그리고 계약당사자는 계약해제에 따른 손해배상을 각각 상대방에게 청구할 수
있으며, 손해배상에 대하여 별도의 약정이 없는 한 계약금을 손해배상의 기준으로 본다.

제 7 조 (중개수수료) 중개업자는 매도인 또는 매수인의 본 계약 불이행에 대하여 책임을 지지 않는다. 또한, 중개수수료는 본 계
약체결과 동시에 계약 당사자 쌍방이 각각 지불하며, 중개업자의 고의나 과실없이 본 계약이 무효·취소 또는 해제되어도 중개수수료
는 지급한다. 공동 중개인 경우에 매도인과 매수인은 자신이 중개 의뢰한 중개업자에게 각각 중개수수료를 지급한다.(중개수수료는
거래가액의 _____ %로 한다.)

제 8 조 (중개수수료 외) 매도인 또는 매수인이 본 계약 이외의 업무를 의뢰한 경우 이에 관한 보수는 중개수수료와는 별도로 지급하며
그 금액은 합의에 의한다.

제 9 조 (중개대상물확인·설명서 교부 등) 중개업자는 중개대상물 확인·설명서를 작성하고 업무보증관계증서(공제증서 등) 사본을 첨부하여
계약체결과 동시에 거래당사자 쌍방에게 교부한다.

**특약사항**

本 계약을 증명하기 위하여 계약 당사자가 이의 없음을 확인하고 각각 1통씩 보관한다.

년　　　월　　　일

| 매도인 | 주 　 소 | | | | | | | |
|---|---|---|---|---|---|---|---|---|
| | 주민등록번호 | | 전 　 화 | | 성 명 | | | ㊞ |
| | 대 리 인 | 주 소 | | 주민등록번호 | | 성 명 | | |
| 매수인 | 주 　 소 | | | | | | | |
| | 주민등록번호 | | 전 　 화 | | 성 명 | | | ㊞ |
| | 대 리 인 | 주 소 | | 주민등록번호 | | 성 명 | | |
| 개업공인중개사 | 사무소소재지 | | | 사무소소재지 | | | | |
| | 사 무 소 명 칭 | | | 사 무 소 명 칭 | | | | |
| | 대 　 표 | 서명및날인 | ㊞ | 대 　 표 | 서명및날인 | | | ㊞ |
| | 등 록 번 호 | | 전화 | 등 록 번 호 | | | 전화 | |
| | 소속공인중개사 | 서명및날인 | ㊞ | 소속공인중개사 | 서명및날인 | | | ㊞ |

**1122**
**계약서**
**표준계약서**
**약관**

　　계약은 낙성계약이 원칙이므로 대개 당사자의 합의만 있으면 성립하지만,[40] 일반적으로 계약서를 작성한다. 계약서는 형식이 따로 정해져 있는 것이 아니고, 그 명칭도 다양하다. 최근에는 업종별로 관련기관이 공평한 계약의 성립을 돕기 위해 미리 마련해 두는 표준계약서라는 것도 존재하는데,[41] 이것을 그대로 사용하는 것도 좋고, 그 내용을 수정하여 사용할 수도 있다. 계약서를 계약의 일방이 미리 작성해 두고 있는 경우도 있는데, 특히 이렇게 해서 마련된 계약의 내용을 약관이라고 하여 특별한 규율이 이루어지고 있다.[42] 앞에서 언급한 대로 계약의 성립에 있어 계약서가 꼭 필요한 것은 아니지만, 분쟁발생시 증거를 확보한다는 측면에서 반드시 작성하는 것이 좋다. 계약시 계약서를 작성한 경우에는 계약서에 적힌 내용을 중심으로 계약의 내용이 확정된다.[43]

**1123**
**계약의 해석**

## 계약의 해석

　　계약의 내용은 최대한 명확하게 하여야 한다. 달리 이해될 수 있다면 그것 자체로 분쟁의 시작점이 될 수 있기 때문이다. 명확하지 않을 때 그 계약의 내용을 확정짓는 것을 '계약의 해석'이라고 한다.[44]

---

40) 따라서, 계약서가 작성되지 않으면 계약이 성립되지 않는다고 생각하는 것은 법적으로는 옳지 않다. 구두계약이라고 하더라도 계약은 지켜져야 하는 것이다. 이는 우리법이 계약방식에 있어서 자유를 인정하고 있기 때문인데, 매매계약에 대한 민법 제563조에서도 확인되는 바이다. 계약과 관련된 대부분의 규정에서 "약정함으로써" 계약은 성립하고 있는 것으로 규정하고 있다. 물론 예외도 있다. 민법 제428조의2에서는 보증은 반드시 서면으로 의사가 표시되어야 한다고 규정한다. 이는 계약의 방식에 대해 법이 사후적으로 규제를 하고 있는 것이다.

41) 부동산거래에 대해서는 한국공인중개사협회 등에서 표준계약서를 작성하여 사용토록 하고 있다.

42) "약관의 규제에 관한 법률"이 이를 담당하며, 특히 약관이 명시되거나 설명되지 않은 경우 계약의 내용에서 배제된다(약관규제법 제3조). 이는 약관으로 인한 피해를 막기 위한 것이다.

43) 합의를 위해 주고받던 내용들은 계약의 내용에서 배제될 수도 있으므로 주의를 요한다. 실제로 그런 내용을 계약서에 명시하기도 한다.

44) 계약의 해석은 결국 계약을 형성하는 당사자의 의사표시들에 대한 해석을 수반한다. 다만 계약서가 존재하는 경우 계약서 자체를 기준으로 계약을 해석하게 될 것이다.

계약은 표시된 내용대로 성립되는 것이 원칙이다.[45] 계약의 해석에는 표시된 바를 기준으로 모든 사정을 다 고려하여야 하는데, 특히 민법 제106조에서는 일정한 관행도 해석의 기준이 될 수 있음을 규정하고 있다.

하지만 항상 표시된 대로만 계약이 성립하는 것은 아니다.[46] 예외적으로 당사자의 진정한 의사의 합치가 확인되는 경우에는 표시된 내용대로의 계약을 성립시킬 필요는 없을 것이다. 이 경우 당사자의 합치된 진정한 의사대로 계약을 성립시키면 된다.[47] 예컨대, 271번지 땅을 사고 팔기로 매도인과 매수인이 합의하였는데, 지번을 착각하여 272번지라고 적은 경우 계약서대로라면 272번지에 대한 매매계약이 성립되었다고 할 것이지만, 이에 대해서는 271번지 땅에 대한 매매계약이 성립되었다고 할 것이다.[48]

한편, 계약이 표시된 바에 따라 그 내용이 결정되는 경우 당사자의 진정한 의사와 표시된 바가 일치하지 않는 문제(의사의 흠결 혹은 하자있는 의사표시)가 발생하여 성립된 계약이 부정되기도 한다.[49] 계약은 당사자들의 의사의 합의이므로, 각 당사자의 의사를 잘 담아내는 것도 중요하기 때문에, 일정한 경우 계약의 효력을 부정하도록 하는 것이다. 바로 위의 경우도 의사와 표시가 일치하지 않는다고 볼 수 있으나, 계약이 표시된 대로 성립하지 않으므로 이와 같은 문제는 발생하지 않는다.

---

45) 대법원도 "법률행위는 당사자의 내심적 의사의 여하에 관계없이 당사자가 그 표시행위에 부여한 객관적 의미를 합리적으로 해석하여야(대법원 2001. 1. 19. 선고 2000다33607 판결)" 한다고 판시하고 있다.

46) 참고로 표시된 대로 해석하는 것을 '규범적 해석', 당사자의 진의대로 해석하는 것을 '자연적 해석'이라고 하고, 어느 것을 중심으로 하느냐에 따라 '표시주의'와 '의사주의'로 나뉘기도 한다.

47) 이를 잘못된 표시는 해가 되지 않는다 하여 '오표시무해'라고 설명하기도 한다.

48) 뒤에서 자세히 다루는 바와 같이 부동산이 넘어가 소유자가 바뀌는 것에는 등기가 필요하게 되는데, 이 경우 272번지 땅에 대해 등기가 이루어졌다고 하더라도 효과가 없게 된다. 그 근거에 대해서도 뒤에서 다루기로 한다. 그리고 271번지 땅에 대해서는 등기가 이루어지지 않았을 터인데 이 경우 설령 매수인이 그 땅을 넘겨받아 사용 중인 경우에도 법적으로는 넘어가지 않았으므로 매수인은 매도인에게 계약을 바탕으로 부동산 등기를 넘겨달라고 하여야 할 것이다.

49) 이 경우는 당사자의 의사표시가 서로 불일치하는 '불합의'의 경우와는 구별된다. 일반적으로 계약서가 존재하는 경우는 그러한 내용대로 합의가 있었다고 할 것이므로 불합의의 존재가 인정되기는 어려울 것이다.

1124
계약내용의
보충

　　계약의 내용은 당사자의 의사를 최우선으로 하지만, 그 외에도 당사자의 잠정적 의사를 바탕으로 하거나,[50] 혹은 신의성실을 바탕으로 '계약내용의 보충'이 이루어지기도 한다.[51] 그 외에도 임의규정이 적용되기도 한다.

---

50) 이를 '보충적 해석'이라고 하여, 당사자의 진의대로 해석하는 '자연적 해석'이나 표시된 대로 해석하는 '규범적 해석'과 구별한다. 자연적 해석과 규범적 해석은 동시에 이루어질 수 없으며, 보충적 해석은 위 두 가지 해석방법에 의해 계약의 내용이 확정된 후 필요에 따라 보충적으로 문제된다.

51) 특히 신의성실의 근거는 민법 제2조에서 찾을 수 있는데, 이 규정의 문언만으로는 권리의 행사와 의무의 이행에 관한 것으로 보이지만 실제에 있어서 민법의 전영역에 있어서 신의성실이 적용되는 예를 찾아볼 수 있다. 우리법에 있어서 경직성을 해소할 수 있는 방안이자 법의 안정성을 침해하는 요소이기도 한, 말하자면 '양날의 검'과 같은 것이라고도 할 수 있다.

계약은 언제나
계약서대로 성립한다?

**1125**
**매매대금**

　　매매대금을 어떻게 지급할지도 당사자가 자유롭게 결정할 수 있다. 부동산을 넘겨주는 것과 동시에 지급하여야 하는지도 중요한 문제일 수 있지만,[52] 그것과는 별도로 한번에 모두 지급하여야 하는지 나누어 지급하여야 하는지도 중요하다. 어떻게 하느냐에 따라 다양한 법적 규율이 가능하기 때문이다.

**1126**
**계약금**
**중도금**
**잔금**

　　한 번에 모두 지급하는 것도 불가능하지는 않지만, 부동산거래시에는 통상적으로 여러 차례에 걸쳐 지급한다. 지급되는 시기에 따라, 계약과 동시에 지급하는 '계약금', 도중에 지급하는 '중도금', 최종적으로 지급하는 '잔금'으로 나눌 수 있다. 중도금도 여러 차례에 나누어 지급하는 경우도 있지만, 별도로 중도금을 지급하지 않고, 계약금과 잔금으로 나누어 지급하는 경우도 많다.

---

52) 이에 대해서는 잠시 후 다시 다룬다.

그런데, 계약금에 대해서는 우리법은 특별한 규율을 하고 있다. 민법은 매매계약에 대해 제563조 이하(민법 제3편 채권/제2장 계약/제3절 매매)에서 규정하고 있는데, 특히 민법 제565조를 두어 계약시 계약금이 주어진 경우에는 '당사자간에 다른 약정이 없는 한 당사자의 일방이 이행에 착수할 때까지 교부자는 이를 포기하고 수령자는 그 배액을 상환하여 매매계약을 해제할 수 있다.'고 정하고 있다. 이러한 기능으로 인해 '해약금'이라고도 한다.

**1127**
**해약금**

계약금은 계약의 증표 혹은 계약당사자를 강제하는 역할을 한다. 계약을 해제하기 위해서는[53] 계약금만큼의 경제적인 손실을 감수하여야 하기 때문이다. 하지만 이와는 반대로 계약금만큼만의 손실을 감수한다면 계약을 쉽게 해제할 수 있다는 뜻이기도 하다. 특히 후자의 경우에는 계약금을 전혀 수수하지 않은 경우에는 계약을 쉽게 해제할 수 없는 것[54]과 비교하여 균형에 어긋난다는 비판이 따르기도 한다.

**1128**
**해약금 제도의**
**문제**

---

53) 계약의 해제란 일방적인 의사표시로 계약을 무위로 돌리까는 것을 말한다.

54) 뒤에서 자세히 다루는 바와 같이, 계약은 한 번 성립한 이상 쉽게 해제할 수 있는 것이 아니다. 해제에 대해서는 민법 제543조 이하(민법 제3편 채권/제2장 계약/제1절 총칙/제3관 계약의 해지, 해제)에서 규정하고 있다.

**1129**
**계약금해제의**
**행사기간**

위와 같은 계약금해제는 민법 제565조에서 명백히 규정하고 있는 바와 같이 '당사자의 일방이 이행에 착수할 때까지'로 한정된다. 또한 당사자가 계약금을 주고받으면서 해제를 할 수 없다는 식으로 달리 정한 경우에는 계약금해제는 불가능하다.

**1130**
**계약금과**
**손해배상액의**
**예정**

통상적으로 대부분의 경우 민법 제565조와는 별도로 동일한 내용의 약정을 하여 이를 계약서에 명기한다.[55] 이 경우는 단순히 계약금을 지급하여 민법 제565조가 적용되는 것 이외에도 이러한 약정이 추후 발생할 수 있는 손해배상액을 미리 예정한 것으로 본다.[56]

**1131**
**계약금의**
**일부지급시**
**문제점**

계약금은 통상 전체 매매대금의 10퍼센트를 지급하지만, 이는 당사자가 정하기 나름이다. 그리고 계약금은 합의만으로는 아무런 법적 효과를 가지지 못하고 반드시 계약금의 지급이 수반되어야 한다.[57] 계약금이 약정된 금액에 비해서 일부 수수된 경우에도 계약금이 제대로 수수되었다고 할 수 없을 것이어서 민법 제565조를 적용시키는 것은 어려울 것이다.[58]

---

55) 앞서 예시로서 제시한 계약서에도 이러한 약정이 반영되어 있다.

56) 이에 대해서는 추후 다시 다룬다. 참고로 손해배상액을 예정한 것에 대해서는 민법 제398조에서 규정하고 있다.

57) 당사자의 합의가 필요하므로 계약이라고 할 것인데 이러한 계약을 '요물계약'이라고 함은 앞에서 언급한 바와 같다.

58) 이에 대해서는 대법원 2015. 4. 23. 선고 2014다231378 판결 참조. 이 경우 계약금계약이 불성립하였다고 하여 이를 기준으로 한 손해배상액의 예정까지 효력이 없다고 볼 것인지가 문제될 수 있다.

계약금을 돌려주면
언제든 계약을 무를 수 있다?

# 1-2 　문제있는 부동산거래

## ： 성립된 부동산매매계약의 유효성

계약은 당사자가 합의한 대로 성립하며, 원칙적으로 이는 그대로 효력을 가진다. 특히 계약은 개인의 삶에 있어서 중요한 역할을 하므로 계약에서의 자유를 강조하여 '계약자유의 원칙'이 인정된다. 계약자유는 당사자결정의 자유, 방식의 자유, 내용의 자유, 체결여부의 자유 등이 포함된다.[1]

**1201**
**계약자유의 원칙**

그러나 일정한 경우 계약에 대해 '법의 개입'이 이루어진다. 첫 번째는 계약의 내용이 법에 위반되는 내용을 담고 있거나 그에 상응하는 경우로 볼 수 있는 경우이고, 두 번째는 계약이 당사자의 진정한 의사를 담아내지 못하는 경우이다.[2] 이 경우에 계약의 효력을 아예 부정하거나(무효) 그렇게 할 수 있는 권한(취소권)을 당사자 일방에게 부여하여 성립된 계약도 그 효력이 인정되지 않을 수 있는데,[3] 어느 경우에나 계약의 자유에 대한 제한이지만, 두 번째 경우는 오히려 계약의 자유를 실질적으로 보호하기 위함으로 볼 수도 있다.[4]

**1202**
**계약자유에 대한 제한**

---

1) 앞서 우리법이 낙성계약을 원칙적인 형태로 본다고 한 것도 방식에 있어서 자유가 인정되기 때문이다.

2) 이 외에도 이미 성립한 계약의 효력이 부정되는 경우로 미성년자가 계약을 체결한 경우를 들 수 있다. 앞에서 본 대로 미성년자는 자신이 체결한 계약을 취소할 수 있는데, 이는 미성년자의 보호를 위해서이다.

3) 성립의 문제와 유효성의 문제는 엄밀히 구별되지만, 성립된 계약의 효력을 부정한다는 것은 결국 그 계약이 성립하지 않은 경우와 마찬가지라고 할 수 있다. 어느 경우나 계약에 대한 어떠한 법적 규율, 대표적으로 계약의 이행에 대한 법에 의한 강제나 계약위반에 대한 제재는 이루어지지 않는다.

4) 첫 번째 경우와 달리 두 번째 경우에는 자신의 진의대로 계약이 성립되지 않아 계약의 효력을 부정하고 싶은 쪽의 상대방의 이익도 고려하여야 하므로 어떤 요건 하에 무효가 가능한지가 매우 중요한 문제가 된다.

**1203**
**실정법 위반의**
**계약**

우선적으로, 계약의 내용이 실정법을 위반하였거나 그에 상응하는 경우에 대해서 보도록 한다. 여기서 실정법은 강행규정을 의미한다.[5] 강행규정을 위반하는 내용의 계약은 원칙적으로 효력을 가지지 못한다.[6]

**1204**
**계약의**
**실행가능성이**
**계약의 효력에**
**미치는 영향**

### 계약의 실행가능성이 계약의 효력에 미치는 영향

계약은 당사자의 합의만으로도 성립하는 것이 원칙이다. 다만 계약의 실행이 성립당시에 이미 불가능한 경우에는 그 계약의 효력을 인정하는 것이 타당한 지가 문제될 수 있다. 이에 대해 우리법은 목적이 불능한 계약을 체결할 때에 그 불능을 알았거나 알 수 있었을 자는 상대방이 그 계약의 유효를 믿었음으로 인하여 받은 손해를 배상하도록 한 반면(민법 제535조), 다른 한편으로는 매매의 목적이 된 권리가 타인에게 속한 경우에는 매도인이 그 권리를 취득하여 매수인에게 이전하여야 한다고 하여(민법 제569조) 일견 모순되는 규정들을 두고 있다. 전자의 경우에는 계약이 무효임을 전제로 할 것이지만, 후자의 경우는 이 규정을 이행이 가능한 경우로 한정하지 않는 한 종국적으로 계약의 실행가능성이 없는 경우라고 하더라도, 이로 인해 어떤 법적 규율이 이루어질지와는 별론으로, 계약은 유효하게 성립하게 된다. 이를 조화롭게 해석하기 위해 민법 제535조의 적용영역을 한정하여 계약이 무효가 될 여지를 줄이고자 하는 논의가 현재 많은 지지를 얻고 있다.

---

5) 당사자의 합의로 배제할 수 있는 임의규정은 그것이 계약의 내용을 구성하는 경우에는 계약위반의 문제로는 이어질 수 있지만, 강행규정처럼 그 위반 자체가 문제되는 것은 아니다.

6) 실정법을 위반하였더라도 공법적인 규제를 가하는 것 이외에 사법상 계약의 효력까지 부정하지 않는 경우도 있다. 특히 이런 규정을 '단속규정'이라 한다. 공법적인 규제에는 형벌이나 과태료부과 등이 있을 수 있는데, 이를 이해하기 위해서는 앞서 언급한 사법과 공법의 구별이 전제가 된다. 계약의 효력을 부정하는 등 사법적인 규율과는 구별됨을 이해할 필요가 있다.

이행이 불가능한 계약은
효력이 없다?

부동산매매계약에 있어 법률이 적용되어 계약의 효력이 부정되는 경우로는 일정한 부동산의 거래에 있어 허가를 먼저 받아야 하는 것을 예로 들 수 있다.[7] 다만 이 경우에 있어서 다소 특이한 법적 규율의 모습을 확인할 수 있다. 즉 우리 대법원은 아직 허가를 얻지 못한 거래라고 하더라도 추후 허가를 받으면 처음부터 소급하여 유효한 계약이 된다고 보았다.[8] 이를 '유동적 무효'라고 한다.[9] 이 상태에서는 계약에 따른 어떠한 효력, 예컨대 계약내용대로의 이행이나 이를 전제로 한 권리[10]를 행사할 수 없지만, 서로에게 허가를 받기 위해 협력할 의무를 부여하여 그 위반시 마치 계약상 의무를 위반한 것과 같은 효력[11]을 인정하고 있다. 유효한 계약을 전제로 하지 않은 다른 법적 효과는 당연히 원용할 수 있을 것이다.

---

7) 구 국토이용관리법이 그랬는데, 이 법은 2003년 '국토의 계획 및 이용에 관한 법률'이 시행됨에 따라 폐지되었고, 동법의 관련규정도 2017년 '부동산거래신고 등에 관한 법률'이 시행됨에 따라 삭제되었다.

8) 대법원 1991. 12. 24. 선고 90다12243 전원합의체 판결.

9) 무효는 뒤에서 살펴보는 바와 같이 원칙적으로 확정적이므로, 유동적 무효는 매우 예외적인 모습이다. 유동적 무효의 예로는 이 경우뿐만 아니라, 앞서 살펴본 무권대리의 경우도 있다. 사후적으로 본인에 의해 추인될 수 있기 때문이다.

10) 뒤에서 다루는 바와 같이 이행을 청구할 수 있는 경우에는 그 불이행시 계약을 무위로 돌리거나(해제) 발생한 손해를 이행하지 않는 자에게 부담시킬 수 있다(손해배상).

11) 바로 위에서 언급한 손해배상을 인정한다. 다만 계약의 해제는 인정하지 않는다.

계약에 대한 당사자의 자유를 제한하는 모든 사항이 사전에 구체적으로 입법되어 있을 수는 없다. 개별적인 법률이 없을 경우 아예 제한이 불가능하다고 보는 것도 가능하겠으나,12) 민법은 개별적인 입법 이외에도 일반규정을 두어 제한을 가능하게 하고 있다. 민법 제103조에서는 "선량한 풍속 기타 사회질서에 위반한 사항을 내용으로 하는 법률행위는 무효로 한다."고 하고 있으며, 그 한 유형으로서 제104조에서는 특히 "당사자의 궁박, 경솔 또는 무경험으로 인하여 현저하게 공정을 잃은 법률행위는 무효로 한다."고 규정하고 있다.13) 이를 통해 빠짐없는 규율이 가능한 점은 장점이라고 하겠으나, 그 구체적인 내용이 정해진 바가 없어 도대체 어떤 경우에 무효가 되는지를 미리 알 수가 없다. 법이 항상 명확할 수는 없겠지만, 지나치게 추상적이어서 법이 갖추어야 할 최소한의 기준조차도 제시하지 못하게 될 수가 있는 것이다. 따라서 이러한 일반규정을 쉽게 동원하는 것은 기피하여야 할 일이다. 그러나 구체적인 분쟁이 발생했을 경우 법원은 다른 법률규정이 없을 경우 민법 제103조에 의해서 이 문제를 해결해 왔으므로, 특히 대법원의 판결은 앞으로 동종의 사건에서 사실상 기준으로서 작용될 수 있으므로 이를 참고하는 것이 우리법의 태도를 확인하는데 있어 도움이 될 것이다.

**1206**
**선량한 풍속**
**기타 사회질서**
**위반의 계약**

---

12) 실제로 형법이 이러한 입장이다. 즉 모든 범죄와 형벌은 사전에 개별법조항에 구체적으로 규정되어 있어야 하며, 그렇지 않을 경우 아무리 사회적으로 문제가 있는 행위라고 하더라도 처벌할 수 없다.

13) 다만 앞에서 언급한 바와 같이 미리 법률이 존재하지 않는 경우에는 처벌은 불가능하므로 그 효과는 사법적인 것에 그친다.

**1207**
**부동산**
**이중매매**

부동산거래에서 민법 제103조가 적용된 대표적인 예로는 '부동산이중매매'의 경우를 들 수 있다. 이중매매는 하나의 물건을 각각 두 사람에게 거듭 팔기로 약속한 것을 말한다.14) 이 경우 부동산은 둘 중 한 명에게만 넘겨줄 수밖에 없게 되는데, 통상 두 번째 사람(제2매수인)이 더 나은 조건으로, 예컨대 더 비싸게 사고자 하는 경우 이중매매가 발생한다. 부동산이 제2매수인에게 넘어간 후에는 먼저 약속한 사람(제1매수인)은 목적했던 거래를 하지 못하게 된다. 그로 인해 피해를 입게 될 수도 있다.

**1208**
**제1매수인의**
**원칙적 구제책**

계약은 한 번 성립된 이상 지켜져야 하기 때문에, 제1매수인은 매도인에게 계약을 지키지 않음에 대한 법적 제재를 동원할 수 있다.15) 다만 더 이상 매도인은 부동산의 소유자가 아니기 때문에 해당 부동산을 넘겨받을 수는 없고 단지 그 손해를 돈으로 배상받을 수 있을 뿐이다.16)

---

14) 계약은 동일한 내용으로 장차 그중 하나 밖에 지키지 못한다고 하더라도 여러 개를 성립시킬 수 있다. 참고로, 계약을 했다고 하여도 아직 부동산을 넘겨주지 않는 상황에서는 여전히 매도인이 소유자이므로 이런 행위를 할 수 있는 것이지만, 앞에서 이미 소개한 바와 같이 우리의 경우에는 타인의 물건에 대해 계약을 하는 것도 얼마든지 가능하다(민법 제569조).

15) 물론 앞에서 소개한 대로 아직 계약금만 교부되었을 뿐 당사자 일방의 이행의 착수가 없다면, 매도인은 제1매매계약에 대한 계약금해제가 가능하므로 이에 따른 손실, 즉 교부한 계약금에 대한 포기 이외에 추가적인 책임을 지지 않을 수도 있다.

16) 이에 대해서는 잠시 후 자세히 다룬다.

제1매수인이 부동산을 넘겨받지 않는 한 여전히 소유자인 매도인은 자신의 부동산을 다른 사람에게 팔 수 있는 것도 원칙적으로 자유롭다. 제1매수인에 대한 책임을 지게 되겠지만, 제2매수인과의 거래를 통해 더 큰 이익을 남긴다면 그렇게 하는 것이 자본주의사회에서는 오히려 권장된다고도 말할 수 있을 것이다.

1209
**부동산
이중매매의
유효성**

1210
이중매매가
무효가 되는
경우

그런데 우리 대법원은 위와 같은 행위도 일정한 경우에는 민법 제103조 위반에 해당하고, 이 경우 그 계약(제2매매계약)의 효력을 부정하고 있다. 즉 제2매수인이 매도인의 배임행위에 적극 가담한 경우 이 계약은 무효라고 한다.17) 이를 통해 제1매수인은 그 부동산을 취득할 수 있음을 우리 대법원은 긍정하고 있다.18)

---

17) 대법원 1994. 3. 11. 선고 93다55289 판결. 동시에 부동산매도인의 배임행위는 형법상 배임죄에 해당하기도 한다. 대법원 2018. 5. 17. 선고 2017도4027 전원합의체 판결. 이에 반해 동산의 경우에는 대법원 2011. 1. 20. 선고 2008도10479 전원합의체 판결에서 배임죄의 성립을 부정하고 있다.

18) 제2매매계약이 무효가 되는 경우에는, 뒤에서 다루는 바와 같이 부동산은 법적으로 매도인에게 복귀하고 제1매수인은 매도인으로 하여금 계약을 지키도록 법을 통해 강제할 수 있게 된다. 다만 이러한 대법원의 결론은 현행법상 무효의 경우에 적용되는 부당이득의 법리와 상충되는 바가 있어 비판을 받고 있다. 뒤에서 살펴보는 바와 같이 민법 제103조 위반의 경우는 부당이득의 반환이 제한되는데, 이 경우는 이를 인정하기 때문이다. 대법원의 판결의 태도 이외에도 제1매수인이 부동산을 넘겨받을 수 있는 방안으로 채권자취소권을 행사하는 것과 제2매수인의 행위가 제1매수인에 대한 불법행위가 됨을 근거로 원상회복을 주장하는 것이 문제되었는데, 전자에 대해서는 우리 대법원이 명시적으로 부정하였고, 후자에 대해서는 손해배상책임이 인정되므로 어차피 제1매수인이 부동산을 넘겨받는 방안으로서는 부적절하다고 평가하는 것이 일반적이다. 양자 모두 이 경우 민법 제103조가 적용될 수 있는지와는 무관하다.

팔기로 한 물건을 다른 사람에게 더 비싸게 파는 것도
사회질서에 반하는 행위가 될 수 있다?

**1211**
**의사의 흠결**
**혹은 하자있는**
**의사표시**

　다음으로, 계약이 당사자의 진정한 의사를 제대로 반영하지 못한 경우는 표시가 의사를 제대로 담아내지 못하였다고 하여 '의사의 흠결' 혹은 '하자있는 의사표시'로 칭해진다. 앞서 살펴본 바와 같이 계약은 당사자들의 의사의 합치를 통해서 성립한다. 그런데 당사자의 진정한 의사가 실제로 성립된 내용과 다를 경우 당사자는 자신이 원하지 않았던 계약을 성립시킨 셈이 된다. 그리고 이는 결국 그 당사자의 진정한 의사와 표시된 바가 다름에서 시작된 것이다. 이에 대해서는 민법 제107조 이하(민법 제1편 총칙/제5장 법률행위/제2절 의사표시)에서 규정하고 있다. 이미 설명한 대로 계약은 표시된 내용을 기준으로 성립하여 효력을 가지는 것이 원칙이나, 지금부터 설명하는 바와 같이 예외적으로 그 효력을 부정할 수 있는 길을 열어두고 있다.[19)]

---

19) 이는 표시된 바 대신 당사자의 진의가 의미를 가지는 경우이기도 하지만, 우선적으로 표시된 바의 효력을 부정하는 데 규율의 초점이 있다.

당사자의 진정한 의사가 표시된 바, 특히 계약이 성립된 경우에는 계약의 내용과 다른 경우 중에는 표의자가 일부러 그렇게 한 경우가 있다. 부동산을 팔 생각이 없으면서 팔겠다고 제안을 한 경우나, 공짜로 주려고 하면서 팔겠다고 표시할 수도 있다. 원칙적으로 일부러 한 경우에는 그 의사표시의 효력을 부정할 필요가 없겠으나, 상대방이 표시가 표의자의 진의와 다름을 알았거나 알 수 있었을 경우, 더 나아가 표의자와 상대방이 이를 모의한 경우에는 그 의사표시의 효력을 부정하고 있다(민법 제107조: 비진의의사표시, 제108조: 통정허위표시).[20]

**1212**
**비진의의사표시**
**통정허위표시**

---

20) 참고로 이 경우는 당사자가 일부러 거짓된 외관을 만든 경우로 앞서 살펴본 '오표시무해'의 경우와는 다소 다르나, 결국 어느 경우나 표시된 대로 효력이 발생하지 않는다는 점에서 공통된다.

1213
가장행위
은닉행위

특히 문제가 되는 것은 민법 제108조의 통정허위표시의 경우이다. 이 경우는 당사자들의 모의로 거짓된 외관이 만들어지는데 통상 부정한 목적이 있다고 할 수 있겠다. 표시된 내용대로의 효과를 부정하도록 하는 것은 그러한 외관을 걷어내 진정한 사실관계에 따른 법률효과를 인정한다는 점에서 중요한 의미를 갖는다. 앞선 예에서 자신의 부동산에 대한 명의를 바꾸어 놓거나, 허위의 외관을 만들어 둔 경우에 민법 제108조를 적용하여 바꾼 명의의 부동산을 원래 주인에게, 그리고 허위의 외관을 걷어내고 실질적으로 이루어진 행위의 효력을 인정하도록 하는 것이다. 특히 후자의 경우에 거짓된 행위를 '가장행위'라 하고, 그 이면에 숨어있는 행위를 '은닉행위'라고 한다. 민법 제108조는 가장행위의 효력을 부정하는 것에 초점을 맞추고 있는데, 이와는 별개로 은닉행위는 그 효력이 인정될 수 있다.

일부러 잘못된 의사표시를 한 경우에도
그에 따라야 한다?

1214
착오

당사자의 진정한 의사와 표시된 바가 일치하지 않음을 표의자가 모르는 경우는 착각(착오)에 빠져 의사표시를 하였다고 할 수 있다. 지번을 잘못 기입하였거나, 부동산의 상태, 예컨대 개발이 가능한 토지인 줄 알았으나 그렇지 않은 경우를 고려할 수 있다.

1215
착오로 인한
의사표시와
취소

민법 제109조는 착오로 인한 의사표시를 취소하여 계약의 효력을 부정할 수 있도록 하고 있다. 다만 그 요건이 자못 엄격하여 1) 법률행위의 내용에 관한 착오여야 하고,[21] 2) 중요부분에 관한 착오여야 하며, 3) 표의자에게 중과실이 없어야 한다. 법률행위의 내용에 착오가 있을 것은 계약의 내용 이외에 다른 부분(특히 동기)에 대한 착오가 있는 경우를 배제하는 것이고,[22] 중요한 부분에 대한 착오일 것이라는 요건은 그 착오가 없었더라면 의사표시를 하지 않았을 것이 인정되어야 하며,[23] 중과실이 없을 것이란 의사표시를 함에 있어 일반적으로 요구되는 주의를 현저하게 결여한 경우가 아니어야 함을 뜻한다. 지번을 잘못 기입한 경우는 이 요건에 따라 취소를 인정할 수 있을 것이다.[24]

---

21) 법률행위의 내용에 착오가 있는 경우로는 표시를 잘못한 경우이거나 문장의 의미를 잘못 이해한 경우가 대표적으로 거론된다.

22) 동기의 착오는 의사형성과정에서의 문제이므로 표의자의 진의와 표시가 불일치하는 것도 아니다.

23) 대법원 1999. 4. 23. 선고 98다45546 판결은 "법률행위의 중요부분의 착오라 함은 표의자가 그러한 착오가 없었더라면 그 의사표시를 하지 않았으리라고 생각될 정도로 중요한 것이어야 하고 보통 일반인도 표의자의 처지에 섰더라면 그러한 의사표시를 하지 않았으리라고 생각될 정도로 중요한 것이어야 한다."고 판시한 바 있다. 구체적인 경우에 여기에 해당하는지에 대해서는 사안에 따라 달라질 수밖에 없음은 당연하므로, 대법원의 판결례를 중심으로 대표적인 사례를 개별적으로 학습할 필요가 있다.

24) 당사자 일방이 착오에 빠져 지번을 잘못 기입한 경우는 앞서 언급한 '오표시무해'의 경우와는 다르다. 하지만 착오로 인해 취소가 인정되면 결국 표시된 대로의 효과가 발생하지 않는다는 점에서는 마찬가지이다.

다만, 의사표시의 취소를 인정하여 계약의 효력이 부정되면 상대방에게 피해가 가게 된다. 표의자에게 착오가 발생함에 있어 상대방이 잘못한 게 있다면 취소를 인정해도 무방하겠지만, 그렇지 않은 경우에도 취소는 인정될 수 있기 때문이다. 때문에 어떤 경우에 취소를 인정할 수 있는지에 대해서는 수많은 논의가 존재한다.25)

1216
착오로 인한
의사표시를
취소하는 경우의
문제점

---

25) 그러한 논의에는 상대방과 관련하여 추가적인 요건을 도입하자는 입장도 있고, 취소가 인정됨으로 인하여 피해를 본 상대방에게 착오를 근거로 취소한 자로 하여금 손해배상을 하도록 하자는 입장도 있다(과실을 필요로 하는지가 문제될 수 있는데, 표의자는 중과실이 아닌 한 취소가 가능하므로 과실을 필요로 하는 경우에도 취소시 손해배상책임이 인정될 수 있다). 특히 후자에 대해서 찬성하는 입장이 많았는데, 우리 대법원은 지금까지 단 한 차례 착오취소자의 손해배상책임이 문제된 사안에 대해 이를 명시적으로 부정한 바 있다(대법원 1997. 8. 22. 선고 97다13023 판결).

**1217**
**동기의 착오**

　그런데, 부동산의 상태를 착각한 경우는 '법률행위의 내용에 대한 착오'가 아니라 동기부분에 착오가 있는 경우라서 원칙적으로 민법 제109조가 적용되지 않는다. 이는 실제에 있어서 많은 문제를 낳는다. 왜냐하면 실제 대부분의 착오가 부동산의 상태를 착각한 경우와 같이 동기 부분에 착오가 있는 '동기의 착오'이기 때문이다.26) 이 경우에도 취소를 인정할 필요가 있기 때문에 대부분의 논의에서 일정한 요건 하에 민법 제109조를 동기의 착오에 적용하고 있다. 특히, 대법원은 동기가 표시되면 민법 제109조를 적용할 수 있다는 태도이다.27) 동기의 착오의 경우에 민법 제109조가 적용된다면 상대방에게 피해를 발생시키는 민법 제109조의 문제가 커질 것처럼 보이지만, 최소한 대법원의 태도대로라면 실상은 그렇지 않다. 동기가 표시되면 상대방도 그 위험에 대해 미리 인지할 수 있을 것이고 그 점에 착안한다면 상대방 보호의 필요성도 그만큼 줄어든다고 할 것이기 때문이다. 동기의 착오에 민법 제109조가 적용된다고 바로 취소되는 것은 아니고, 당연히 다른 요건들이 갖추어져야 한다.

---

26) 실상은 법률행위 내용의 착오와 동기의 착오를 구별하는 것이 쉽지 않은 경우도 많다. 예컨대, 본문에서 예로 든 물건의 성질과 상태에 대한 착오가 실제에 있어 어느 쪽에 해당하는지 단정짓기가 쉽지 않다.

27) 대법원 2000. 5. 12. 선고 2000다12259 판결에서는 "동기의 착오가 법률행위의 내용의 중요부분의 착오에 해당함을 이유로 표의자가 법률행위를 취소하려면 그 동기를 당해 의사표시의 내용으로 삼을 것을 상대방에게 표시하고 의사표시의 해석상 법률행위의 내용으로 되어 있다고 인정되면 충분하고 당사자들 사이에 별도로 그 동기를 의사표시의 내용으로 삼기로 하는 합의까지 이루어질 필요는 없지만, 그 법률행위의 내용의 착오는 보통 일반인이 표의자의 입장에 섰더라면 그와 같은 의사표시를 하지 아니하였으리라고 여겨질 정도로 그 착오가 중요한 부분에 관한 것이어야 한다."고 판시한 바 있다.

부동산의 상태에 대한 착오가 표시되지 않은 경우라고 하더라도 착오자의 상대방이 이를 유발하였거나 이를 알면서 이용한 경우라면 이 경우 계약의 효력을 부정할 수 있도록 하는 것이 더 타당할 것이다. 최근에는 대법원이 착오가 상대방에 의해 유발된 경우 등에 기존의 요건을 완화하여 취소를 쉽게 인정하고 있음을 확인할 수 있다. 이러한 경향은 특히 동기의 착오에 대해 민법 제109조를 적용하는데 큰 기여를 하는데, 앞서 언급한 표시의 요건도 불필요하게 된다.[28] 다른 요건들에 대해서도 마찬가지인데, 최근에는 상대방이 표의자의 착오를 알면서 이를 이용한 경우에, 표의자에게 중대한 과실이 있더라도 표의자는 그 의사표시를 취소할 수 있다고 한 대법원 판결이 있다.[29] 이 경우 착오로 인한 의사표시를 취소할 수 있는지는 '상대방이 유발하였는지 여부'와 같은 상대방의 행태 그 하나에만 달려있다고 할 것이므로, 이를 어떻게 판단하는지 예컨대, 그 행위의 정도라든가 과실이 있는지 여부가 매우 중요한 문제가 될 수 있다.

1218
**착오에 대한
상대방의
행태와 취소**

---

28) 대법원 1996. 7. 26. 선고 94다25964 판결 등.
29) 대법원 2014. 11. 27. 선고 2013다49794 판결.

## 공통의 착오

계약의 두 당사자가 모두 동일한 착오에 빠진 경우에, 민법 제109조를 적용하는 것은 타당하지 않을 수 있다. 둘 다 잘못된 표시를 한 경우에는 당사자들의 진의대로 계약을 성립시키면 되고, 표시된 내용에 대해서는 아무런 효력을 부여할 필요가 없다.30) 문제는 공통된 착오가 동기와 관련하여 존재하는 경우인데, 이 경우에도 별도의 요건을 따지지 않고 표시된 내용대로의 계약의 효력을 부정하는 게 더 두 당사자 모두가 원하는 바일 수 있다. 더 나아가 대법원은 "계약당사자 쌍방이 계약의 전제나 기초가 되는 사항에 관하여 같은 내용으로 착오가 있고 이로 인하여 그에 관한 구체적 약정을 하지 아니하였다면, 당사자가 그러한 착오가 없을 때에 약정하였을 것으로 보이는 내용으로 당사자의 의사를 보충하여 계약을 해석할 수 있는 바, 여기서 보충되는 당사자의 의사는 당사자의 실제의사 또는 주관적 의사가 아니라 계약의 목적, 거래관행, 적용법규, 신의칙 등에 비추어 객관적으로 추인되는 정당한 이익조정의사를 말한다."31)고 판시한 바 있다. 그 착오가 공통된다는 측면에서 대법원의 접근방식은 의미를 가진다.32)

---

30) 앞에서 소개한 '오표시무해'의 경우이다.

31) 대법원 2006. 11. 23. 선고 2005다13288 판결. 이 사건은 국가와 기부채납자가 국유지인 대지 위에 건물을 신축하여 기부채납하고 위 대지 및 건물에 대한 사용수익권을 받기로 약정하면서 그 기부채납이 부가가치세 부과대상인 것을 모른 채 계약을 체결한 사안이다.

32) 결국 착오가 공통되는 경우는 그것이 법률행위의 내용에 대해서건 동기에 대해서건 다른 효력을 인정할 수 있다는 점에 특수성이 있다(오표시무해의 경우에서도 이 점을 확인할 수 있다). 두 당사자가 각각 다른 착오에 빠진 경우라면 그것이 법률행위의 내용에 대해서건 동기에 대해서건 그 법률행위의 효력을 부정할 수 있을지언정 다른 효력을 인정하기는 어려울 것이다.

상대방에 의해 착각에 빠져 체결한 계약은
언제나 취소할 수 있다?

부동산거래를 함에 있어, 상대방에게 속거나 위협을 당한 경우에도 그 계약의 효력을 부정하는 것이 타당할 것이다. 특히, 전자의 예를 들자면, 유명한 시설이 아파트 인근으로 이전될 계획이 없음에도 그렇다고 광고한 경우를 고려할 수 있고,[33] 세상에 없는 부동산이나 남의 부동산이라서 팔기 어려운 경우도 이에 해당할 수 있다.[34] 상대방으로부터 사기를 당하거나, 협박(강박)을 당한 경우에도 민법 제110조는 그로 인한 의사표시를 취소할 수 있도록 하고 있다. 어느 경우나 의사표시를 하는 과정에 문제가 생겼을 뿐 표의자의 진정한 의사와 표시는 일치하므로 지금까지의 경우와는 다르다.[35] 사기의 경우에는 속아서 착오에 빠지게 되므로 동기의 착오가 존재하게 되고,[36] 강박의 경우는 아예 그마저도 없지만, 어느 경우나 당사자의 진정한 의도와는 다른 계약을 그대로 유지하도록 할 수는 없으며, 계약의 효력을 부정한다고 하더라도 상대방 보호의 문제가 발생하지 않으므로, 의사표시를 취소할 수 있도록 하고 있다. 다만 제3자가 사기 혹은 강박을 한 경우에는 상대방에게 그 책임을 물을 수 없으므로, 상대방이 그 사실을 알았거나 알 수 있었을 경우를 토대로 계약의 효력을 부정할 수 있도록 하고 있다(민법 제110조 제2항).

---

33) 이는 앞서 계약의 내용과 관련하여 소개한 대법원 판결(대법원 2007. 6. 1. 선고 2005 다5812, 5829, 5836 판결)에서 다루고 있는 내용이기도 하다.

34) 앞에서 이미 언급한 대로 남의 부동산을 파는 계약도 원칙적으로는 유효하지만(민법 제569조), 세상에 없는 부동산을 파는 경우는 계약 자체가 무효라고 보는 것이 일반적이다(민법 제535조). 계약의 유효 여부와 상관없이 이행하지 못할 것을 알면서 계약을 체결한 행위는 남을 속이는 행위, 즉 사기가 될 수 있다. 주의할 것은 결과적으로 이행이 가능하지 않다고 하여 항상 사기가 되는 것은 아니라는 점이다.

35) 이 경우를 '의사의 흠결'과 구별하여 특히 '하자있는 의사표시'라고 칭하기도 한다.

36) 사기의 경우에는 동기의 착오만이 문제된다는 것이 현재 대법원의 입장인 것으로 보인다(대법원 2005. 5. 27. 선고 2004다43824 판결 참조). 이에 따를 경우, 원칙적으로 민법 제109조와 제110조는 동시에 문제될 여지가 없지만, 앞서 살펴본 바와 같이 일정한 요건 하에 동기의 착오에 대해 민법 제109조가 적용되는 경우에는 두 조항이 동시에 문제될 수도 있다.

사기의 경우에는 요건은 간단하지만, 고의에 한정됨에 주의할 필요가 있다.[37] 강박의 요건도 행위만 다를 뿐 사기의 경우와 마찬가지인데, 강박이 지나쳐 아예 의사결정의 자유 자체가 박탈된 경우에는 민법 제110조에 따라 취소할 필요없이, 의사표시가 무효가 되는 경우도 있을 수 있다.[38] 어느 경우나 사기 혹은 강박으로 인해 하지 않았을 의사표시를 한 경우라야 함은 당연하다.

**1221**
**사기, 강박을**
**근거로 한**
**취소의 요건**

---

37) 다만 앞서 언급한 동기의 착오가 상대방에 의해 유발된 경우에 취소가 인정됨을 고려한다면, 상대방이 표의자의 착오에 개입하게 된 경우에는 민법 제110조의 범위를 넘어 보다 폭넓게 계약의 효력을 부정하는 것도 가능할 것이다. 오히려 상대방이 유발한 착오는 사기의 경우와 구조가 더 유사하다고 할 수 있다.

38) 대법원 1998. 2. 27. 선고 97다38152 판결.

**1222**
**사기, 강박의**
**위법성**

상대방을 속이고 위협하는 모든 행위가 사기 혹은 강박이 되지는 않는다. 때때로 어느 정도의 과장이나 어느 정도의 위협은 사기나 강박으로 판단되지 않을 수도 있다.[39] 어느 정도에 이르러야 사기 혹은 강박이 되는지는 구체적으로 판단할 수밖에 없다. 이는 소위 행위의 '위법성'과 관련된 것이다.[40] 마찬가지로 아무 행동을 하지 않은 것도 때때로 사기나 강박이 되기도 한다. 인근에 유해시설이 있다는 점을 알려주지 않은 경우가 고려될 수 있다.[41] 이를 위해서는 아무 행동을 하지 않는 부작위가 사기나 강박이 되지 않도록 하여야 할 의무, 즉 작위의무가 전제되어야 한다. 이러한 의무가 없을 경우에는 아무 행동도 하지 않았다고 하여 사기나 강박이 되지 않는다. 작위의무는 개별 법률에 의해서 인정되는 경우에 한하지 않는데, 이 역시 부작위를 우리법질서에서 용납할 수 있을 것인지의 문제, 즉 위법성과 관련이 있다고 할 것이다.

---

39) 대법원 2001. 5. 29. 선고 99다55601, 55618 판결 등에서 다소의 과장·허위가 수반되는 경우에도 일반 상거래의 관행과 신의칙에 비추어 시인될 수 있는 경우에는 허용된다고 판시하고 있고, 대법원 1997. 3. 25. 선고 96다47951 판결 등에서는 부정행위에 대한 고소·고발은 원칙적으로 정당한 권리행사로서 위법하지 않다고 판시하였다.

40) 위법성은 대부분의 경우에 법의 규제가 정당화되는 가장 기본적인 요건에 해당되는데, 구체적인 경우마다 다른 이름으로 구체화되기도 한다. 예컨대, 서로 인접한 주민들 사이의 문제에서는 '수인한도'라고 표현되기도 한다.

41) 이 역시 앞서 계약의 내용과 관련하여 소개한 대법원 판결(대법원 2007. 6. 1. 선고 2005다5812, 5829, 5836 판결)에서 다루고 있는 내용이다.

침묵도
사기가 될 수 있다?

계약의 효력을 부정할 수 있도록 하는 사기나 강박은 뒤에서 살펴보는 바와 같이 손해배상책임을 발생시키기도 한다. 그 행위들은 법에서 금지한 '위법행위'에 해당하기 때문이다.[42] 또한 사기와 강박은 형법상 범죄가 되어 형벌이 부과되기도 한다. 이는 계약의 효력이나 손해배상과 같은 민사적인 문제와는 구별되지만, 때로는 민사적인 문제를 보다 수월하게 해결하기 위해 동원되기도 한다.

---

[42] 앞서 착오와 관련하여 취소가 인정될 수 있는 유발행위의 경우도 마찬가지이다. 실제로 대법원에서는 기망행위와 유발행위를 마찬가지로 파악하고 있다(대법원 2001. 5. 29. 선고 99다55601, 55618 판결; 대법원 2009. 3. 16. 선고 2008다1842 판결 등).

## 무효와 취소, 그리고 제3자효

계약의 효력을 부정하는 방법으로서 무효와 취소가 있다. 무효와 취소에 대해서는 민법 제137조 이하(민법 제1편 총칙/제5장 법률행위/제4절 무효와 취소)에서 규정하고 있다. 무효는 처음부터 그 효력이 없는 것을 말하고, 취소는 효력을 부정할 수 있는 선택권을 가진 당사자가 이를 행사하는 것을 말하는데, 취소를 하면 처음부터 무효가 되므로(민법 제141조), 그러한 점에서 무효와 취소는 동일하다. 무효는 누구나 주장할 수 있지만, 취소는 권리를 가진 자만이 취소할 수 있다.

무효와 취소는 그 효과가 매우 강하므로 명시적인 법률상 근거가 있을 것을 요하며,[43] 어떤 경우에 무효라고 할 것인지, 혹은 취소권을 줄 것인지는 논리적이라기보다는 입법정책의 문제이다.[44]

무효는 처음부터 효력이 없는 것으로 원칙적으로 이를 유효로 만들 수는 없으나, 당사자의 행위시 가상적 의사에 따라 일부에만 무효사유가 존재하는 경우 나머지 부분은 유효가 되기도 하고(민법 제137조[45]), 다른 행위로서 효력을 인정하기도 한다(민법 제138조). 원칙적으로는 당사자의 현실적 의사에 의해 무효행위를 유효한 것으로 바꿀 수는 없고, 무효사유가 종료한 후에 새로운 행위를 한 것으로 볼 뿐이다(민법 139조).[46] 이에 반해 취소의 경우에는 취소권자가 취소하지 않을 수도 있는데, 스스로 취소권을 포기할 수도 있고(민법 제143조, 제144조: 추인), 일정한 사유가 있거나(민법 제145조: 법정추인), 일정기간 도과시(민법 제146조: 제척기간) 그 권리가 소멸하기도 한다. 이 경우 그 행위는 확정적으로 유효가 된다.

---

43) 이들 중 대부분은 민법 제1편 총칙편에 규정되어 있다.

44) 대표적으로 우리법 제정시 근간으로 삼았던 일본 민법에서는 착오의 경우 무효로 하고 있었으나, 우리법 제정시 이를 취소로 변경하였다.

45) 원칙은 전부무효이나 민법 제137조 단서에서 예외를 인정하고 있으며, 개별 법률에서도 예외를 규정하기도 한다.

46) 다만 이에 대해서는 당사자의 합의로 소급효를 인정하는 등 많은 예외가 존재한다. 민법 제103조 위반으로 인한 무효는 그 사유가 여전히 존재하는 한 추인으로 유효로 할 수 없음은 당연하다.

무효가 된 경우(취소권을 행사한 경우도 포함)에는 그 행위는 더 이상 효력이 없으므로, 그 계약도 효력을 가지지 못한다. 다만 계약에 따라 이미 뭔가 준 게 있다면 이는 원인없이 주어진 것이므로 돌려받아야 한다. 이를 부당이득[47]이라고 하고 민법 제741조 이하(민법 제3편 채권/제4장 부당이득)에서 이를 규정하고 있다.[48] 다만 무효인 경우에도 그것이 불법의 원인으로 인하여 급여된 경우에는 이를 반환하지 못함을 주의할 필요가 있는데(민법 제746조), 민법 제103조가 적용된 경우가 바로 그러하다.

무효와 취소는 이를 바탕으로 한 다른 법률관계에도 영향을 미치지만,[49] 예외적인 경우에 그 효력이 제한될 수 있다. 민법 제107조부터 제110조까지의 무효와 취소는 모두 선의[50]의 제3자에게 대항하지 못한다는 규정을 가지고 있는데, 이러한 명문의 규정이 있는 경우에 한하여 무효와 취소의 효력으로부터 보호받게 된다.[51]

---

47) 당사자의 의사가 개입하지 않는 '사건'이다.

48) 원칙적으로 받은 것을 그대로 돌려주어야 하지만 이에 관해서는 여러 가지 특별한 규율이 이루어지고 있으므로 주의하여야 한다. 부당이득을 누리고 있는 자가 몰랐던 경우에는 이익이 현존하는 한도에서 반환하여도 되지만 알고 있었던 경우에는 받은 것을 돌려주는 것은 물론 이자와 손해배상까지 하여야 한다(민법 제748조). 또한 제한능력자의 경우에는 알았건 몰랐건 이익이 현존하는 한도에서 상환하면 된다(민법 제141조). 부동산거래에서 원물이 반환되는 경우에는 민법 제201조~민법 제203조(민법 제2편 물권/제2장 점유권)에서 특별규정을 두고 있다.

49) 예컨대, 부동산매매가 연속하여 이루어진 경우 첫 번째 매매의 효력이 부정되면, 두 번째 매매가 유효하다고 하더라도 두 번째 매매의 매수인은 계약의 목적을 달성할 수 없다. 두 번째 매매의 매도인이 부동산에 대한 아무런 권리도 가지고 있지 못하기 때문이다. 권리가 없는 사람으로부터 권리를 취득할 수 없다는 것은 권리이전에 있어서 당연한 것이다. 설령 취소 전에 이미 권리를 취득한 경우에도 그 전계약의 취소로 인해 권리를 박탈당한다. 다소 기교적이기는 하나, 취소의 소급효로 인해 두 번째 매매의 매도인은 처음부터 권리를 가진 적이 없게 되기 때문이다.

50) 법에서 '선의'란 모르고 있는 경우를 말하며, 반대로 알고 있는 경우를 '악의'라 한다.

51) 반대로 이러한 명문의 규정이 없는 무효와 취소는 그만큼 더 강력한 효과를 가지며, 직접적인 관련이 없는 제3자도 피해를 입게 될 수도 있다는 뜻이다.

무효는
누구에게나 무효이다?

# 2-1 부동산거래의 권리와 의무

## : 부동산매매계약의 법률관계

계약이 성립하고 별도의 무효(혹은 취소)사유가 존재하지 않으면, 그 계약은 확정적으로 효력을 가진다.[1] 계약체결 당시와 상황이 완전히 달라져 더 이상 계약의 효력을 유지하도록 하는 것이 무의미해 보이는 경우[2]도 있을 수 있고, 마찬가지로 일반적이라고는 할 수 없겠으나 당사자의 자유로운 의사에 의해서 계약에 조건[3]이나 기한[4]을 붙여 그 효력을 조절할 수도 있지만, 이는 예외라고 할 것이다. 그 효력은 계약의 내용과 직접적으로 연관되는데, 계약이 성립되면 그 내용대로 이행하여야 한다.[5] 이는 결국 그 계약으로 인해 당사자 일방이 어떠한 권리를 가지고 이에 대응하여 그 상대방이 의무를 부담하는지가 주된 내용이 된다. 다시 말해 당사자 사이에 '법률관계'가 성립되는 것이다.[6]

**2101**
**계약성립과
법률관계**

부동산매매계약이 성립하면, 구체적인 것은 합의된 계약의 내용에 따를 것이나 매도인은 매수인에게 부동산을 넘겨주어야 하고, 매수인은 매매대금을 매도인에게 지급하여야 한다. 민법 제568조에서도 동일한 내용을 확인할 수 있다. 이를 권리와 의무에 초점을 두어 설명하자면, 매도인은 부동산을 넘겨줄 의무와 매매대금을 받을 권리를 가지며, 매수인은 반대로 부동산을 넘겨받을 권리와 매매대금을 지급할 의무를 가지게 된다.[7]

**2102**
**부동산매매계약의
법률관계**

---

1) 달리 표현하자면, 계약의 성립은 '요건'이고, 요건이 갖추어지면 그에 따른 '효과'가 의미를 가지게 된다. 법은 많은 경우 요건과 효과로 설명된다.

2) 예컨대, 전쟁 후 통화가치가 100배 이상 급등한 경우를 생각해 보면, 전쟁 전에 지불해야 할 금액 100만원을 전쟁 후에 갚도록 하는 것은 문제가 될 수 있다. 이 경우 소위 사정변경의 원칙이라는 것이 고려될 수도 있는데, 우리법은 극히 제한적으로 이를 도입하고 있고, 일반적인 측면에서는 이를 부정하고 있다. 계약의 내용을 실효시키기에 앞서 계약내용의 수정이 먼저 고려되어야 할 경우도 있을 것이다.

3) '조건'이란 법률행위 효력의 발생 또는 소멸을 좌우하는 장래의 불확실한 사실을 말하며, 민법 제147조 이하(민법 제1편 총칙/제5장 법률행위/제5절 조건과 기한)에서 규정하고 있다.

4) '기한'이란 법률행위 효력의 발생 또는 소멸을 좌우하는 장래의 확실한 사실을 말하며, 민법 제157조 이하(민법 제1편 총칙/제5장 법률행위/제5절 조건과 기한)에서 규정하고 있다.

5) 대개의 계약은 거래의 시작일 뿐 그 자체로 계약의 목적이 달성되지는 않는다. 약속을 하였으므로 이를 지키는 과정이 남아있다고 생각하면 쉽게 이해될 수 있다.

6) 결국 계약의 성립이라는 요건에 대한 효과는 법률관계의 성립인 셈이다.

7) 앞에서 언급한 바와 같이 권리와 의무는 서로 대칭되어 존재하는 경우가 많은데, 특히

## 채권, 채무 그리고 물권

계약에 의해 인정되는 권리와 의무는 '채권'과 '채무'이다.[8] 흔히 금전과 관련하여 돈을 받을 사람이 채권을 가지고 있다 하여 채권자로, 갚아야 할 사람이 채무를 부담한다고 하여 채무자라 칭해지지만, 채권과 채무는 정해진 상대방에게 청구할 수 있는 형태의 권리와 의무를 지칭하는 것으로 이러한 채권을 가진 자를 채권자, 채무를 부담하는 자를 채무자라 한다.[9] 따라서 모든 계약상 권리자는 채권자, 의무자는 채무자라 칭할 수 있다.

계약상 권리를 채권이라고 하는 것은 이와 구별하여 '물권'이 존재하기 때문이다. 채권은 정해진 상대방이 존재하므로 그에 대응하는 채무가 인정되지만, 물권은 물건에 대하여 직접적으로 인정되는 것이므로 이에 대응하는 의무가 존재하지 않는다. 채권은 상대방이 정해져 있으므로 그 이외의 사람들에게는 이를 주장할 수 없는데, 이에 비해 물권은 물건을 직접 지배하므로 물건과 관련되는 한 모든 사람에 대해 그 권리를 주장할 수 있다.[10] 누구에게라도 주장될 수 있는 특성으로 말미암아 '대세권' 혹은 '절대권'으로 불리며,[11] 그 권리를 외부적으로 드러낼 것(공시)이 요구된다.[12] 부동산은 등기[13]를 통해, 동산은 점유[14]를 통해 공시하도록 하고 더 나아가 공시의 변경 없이는 물권 자체의

---

계약으로 인해 발생하는 권리와 의무의 경우가 그렇다.

8) 그래서 계약에 대한 법률규정이 민법 제3편 채권편에 규정되어 있는 것이다. 계약 이외의 경우에 인정되는 채권도 있다. 이를 법정채권이라고 하는데, 채권에 대한 대부분의 복잡한 논의들은 계약을 전제로 이루어지므로 계약상 권리를 전제로 하는 것이 채권을 이해하는 데 보다 용이할 수 있다.

9) 돈을 받을 권리와 의무를 채권과 채무, 받을 사람과 줄 사람을 채권자와 채무자로 칭하는 것도 틀린 것은 아니다.

10) 법은 사람들 사이에서만 의미를 가지므로 물건에 대한 직접적인 지배도 결국 타인에 대한 권리 주장의 형태로 발현된다. 그런 권리가 물건에 대해서만 존재하는 것은 아닌데, 물권은 원칙적으로 물건에 대해서만 성립하므로 그 이외에 다른 것을 직접적으로 지배하는 권리를 물권이라고 하지는 못하지만, 직접적으로 지배함으로 인해 물권과 마찬가지로 누구에게나 주장될 수 있다.

11) 이에 대해 그렇지 못한 채권은 '대인권' 혹은 '상대권'으로 지칭된다.

12) 왜냐하면 누구에게나 주장될 수 있다는 것은 이로 인한 선의의 피해자도 발생할 수 있다는 것을 의미하기 때문이다.

13) 등기에 대해서는 뒤에서 자세히 다룬다.

취득 및 변경이 되지 않도록 하고 있다(민법 제186조, 제188조).[15] 그리고 채권은 계약상 권리가 채권이라는 점에서도 확인할 수 있듯이 매우 다양하겠으나, 물권은 법률이나 관습법에 의해 정해진 종류와 내용으로만 인정되므로 그 수가 한정적이다(민법 제185조: 물권법정주의). 이러한 물권에는 가장 대표적으로 소유권[16]과 그 용도에 따라 용익물권과 담보물권,[17] 그리고 점유권이 존재한다. 그 외에도 물권은 하나의 물건에 동일한 물권이 인정되지 않으나 채권은 그렇지 않고,[18] 물권은 시간으로부터 자유로우나 채권은 그렇지 않으며[19] 물권의 경우는 침탈 내지 방해가 있을 경우 이를 배제하거나 더 나아가 방해의 예방을 청구할 수 있는 권리(물권적 청구권)[20]가 인정된다는 점에서 차이가 있

---

14) 동산의 경우에는 점유가 온전한 공시방법이라기보다는 모든 동산에 등기와 같은 공시방법을 마련하지 못해서 점유를 통해 공시하는 데 그치고 있는 것으로 그로 인해 여러 가지 문제가 발생한다. 앞서 동산임에도 부동산과 마찬가지의 법적 규율을 하고 있다고 소개한 자동차, 선박, 항공기 등은 등기(혹은 등록)를 하도록 하여 이러한 문제로부터 자유로워지게 되었다.

15) 이를 '성립요건주의' 혹은 '형식주의'라고 한다. 이와는 달리 권리는 이전하되 공시방법을 갖추지 않으면 제3자에게 대항할 수 없도록 하는 경우를 '대항요건주의' 혹은 '의사주의'라고 한다.

16) 자기 것이라는 것은 그 물건에 대한 소유권을 가지고 있다는 의미이고, 소유권은 그 물건을 사용하고(사용가치) 처분할 수 있는(교환가치) 모든 권능을 다 가지고 있는 완전한 권리이다. 소유권을 가지고 있는 소유자가 소유권을 보호받아야 하는 것은 현대사회에서 개인의 자유를 보장함에 있어 가장 중요한 명제 중 하나이다. 이를 '소유권절대의 원칙'이라고 한다. 소유권에 대해서는 민법 제211조 이하(민법 제2편 물권/제3장 소유권)에서 규정하고 있다.

17) 용익물권과 담보물권은 소유권이 가진 사용가치와 교환가치 중 하나만을 가지고 있다. 인정되는 것 이외에 나머지 측면이 제한되어 있어 '제한물권'이라고도 한다. 사용가치만이 인정되는 용익물권에는 지상권(민법 제2편 물권/제4장), 지역권(제5장), 전세권(제6장) 등이, 교환가치만이 인정되는 담보물권에는 유치권(제7장), 질권(제8장), 저당권(제9장) 등이 존재한다.

18) 이에 따라 물권은 배타성이 있고 채권은 없다고 설명된다. 채권이 배타성이 없음으로 인해 같은 내용의 채권이 다수 생기는 것이 가능하다는 것은 이중매매에서도 언급한 바와 같은데, 모든 채권이 다 실현될 수 없다면 그런 채권의 실현을 목적으로 한 계약의 효력에 영향이 생길 수 있음은 앞에서 지적한 바와 같다.

19) 뒤에서 보는 바와 같이 채권은 원칙적으로 10년 동안 행사하지 않으면 소멸한다(민법 제162조: 소멸시효). 물권의 경우는 대표적인 물권인 소유권은 아예 그렇지 않고, 나머지 물권들은 20년간 행사하지 아니하면 소멸한다고 하나(민법 제162조 제2항), 실제에 있어서는 물권이 일정 기간 동안 행사되지 않아 소멸되는 것은 큰 의미가 없다.

20) 이러한 효력은 물권이 누구에게라도 주장될 수 있기 때문에 인정되는 것이다. 소유권에 규정을 두고(민법 제213조, 제214조), 그 외 다른 물권에서 이를 준용하는 형식을 취하

다. 또한 정해진 상대방에 대해서만 인정되는 채권과는 달리 물권의 경우에는 그 성립순서에 따라 우선순위가 인정된다.[21]

이러한 채권과 물권의 구별은 그 개념 자체가 추상적이어서 실제 생활에 있어서 많이 활용되지는 않으나,[22] 우리 민법전에서 매우 중요한 위치를 차지한다. 민법전을 재산편만을 놓고 보면 제1편 총칙, 제2편 물권, 제3편 채권으로 구성되어 있다. 때문에 민법을 제대로 이해하기 위해서는 채권과 물권의 구별에 대해서 익숙해져야 하겠으나, 그렇다고 구체적인 부분을 무시하지 않도록 주의할 필요가 있겠다.

---

고 있다(예컨대, 민법 제290조). 권리가 방해되는 경우 추가적인 요건, 예컨대 방해자의 고의 혹은 과실 등을 요하지 않고 곧바로 행사할 수 있어 매우 강력하고 효율적인 구제책이 된다. 다만 뒤에서 살펴보는 바와 같이 최근에는 채권의 경우에도 외부적인 침해에 대해 이와 같은 효력을 인정하고자 하는 논의가 있다.

21) 원래 하나의 물건에 하나의 물권만이 성립할 수 있다 하였으나(일물일권주의), 소유권을 제외한 다른 물권들은 사회의 필요성에 따라 하나의 물건 위에 동시에 성립하는 것이 인정되는데(반대로 복수의 물건에 하나의 물권이 성립되는 경우도 있다), 그 우선순위를 따져야 할 경우가 있다. 원칙적으로 동종의 물권, 특히 물건의 시장가치를 지배하는 담보물권의 경우에 우선순위가 의미를 가지는데, 서로 다른 종류인 담보물권과 용익물권 사이에서도 우선순위가 문제되기도 한다. 채권간의 우선순위 혹은 물권과의 관계는 원칙적으로 아무런 의미가 없다. 채권은 다른 어떤 권리에 대해서도 자신의 우위를 주장할 수 없으며(따라서 뒤에 성립한 물권이 채권에 앞서 실현되게 된다), 채권들 사이의 관계를 정리하기 위해서는 서로 채권의 가치에 비례하여 배분할 뿐이다.

22) 그 종류가 매우 다양한 채권은 그나마 채권이라고 언급되나, 물권은 그 자체로 언급되는 경우는 거의 없다. 그 수가 한정적이기 때문에 개별적인 물권, 예컨대 소유권, 저당권으로 칭하면 충분하기 때문일 것이다.

부동산을 넘겨줄 의무와 매매대금을 지급할 의무는 서로 관련되어 있다. 서로 관련되어 있다는 것은 어느 일방 당사자가 의무를 먼저 이행하는 것이 아니라 쌍방이 동시에 이행하도록 하고, 일방의 의무가 이행될 수 없게 되었을 때 상대방도 이행할 필요가 없게 된다는 식으로 구현된다. 이에 대해서는 민법 제536조 이하 (민법 제3편 채권/제2장 계약/제1절 총칙/제2관 계약의 효력)에서 규율하고 있는데, 계약상의 의무를 당사자가 서로 부담하는 쌍무계약의 속성에서 기인한 것이기에, '쌍무계약의 견련성'이라고 표현되기도 한다.

**2104**
**쌍무계약의 견련성**

우선, 당사자일방은 달리 합의하지 않은 한 상대방이 그 이행을 제공할 때까지 자기의 이행을 거절할 수 있도록 하고 있다(민법 제536조: 동시이행의 항변권). 동시이행의 항변권을 가진다는 것은 각 당사자가 상대방의 불이행에 대한 안전장치를 가짐을 의미한다.[23] 예컨대 부동산거래에서 매도인이 부동산을 넘겨주지 않고자 할 경우 매수인은 대금을 먼저 지급할 필요는 없으므로 그로 인한 위험에 처하지는 않게 된다. 물론 이러한 기능은 상대방을 위해서도 마찬가지로 인정되는데, 자신의 의무를 이행하기 위해 '제공'함으로써 상대방의 항변권을 무용하게 만들 수도 있다.[24] 따라서 서로 이행을 하지 않고 끝내는 것이 아니라 계약의 실제적인 이행을 원할 경우에는 이러한 방식을 택할 수 있다.[25] 어느 의무가 먼저 이행되기로 합의되었다면 동시이행의 문제는 발생하지 않지만, 예외적으로 이러한 경우에도 동시이행의 항변권이 문제되기도 한다(민법 제536조 제1항 단서, 제2항).

**2105**
**동시이행의 항변권**

또한, 당사자가 달리 정하지 않은 한, 당사자 일방의 의무가 이행할 수 없게 된 때에는 상대방에게 의무를 이행할 것을 청구할 수 없다(민법 제537조: 위험부담).[26] 부동산매매에 있어 매도인의 부동산이 화재로 소실된 경우에는 스스로 이

**2106**
**위험부담**

---

23) 항변권도 권리의 일종이지만, 다른 권리의 적극적 행사를 저지한다는 역할을 한다는 점에서 다른 일반적인 권리들과 다르다.

24) 그럼에도 상대방이 자신의 의무를 이행하지 않는 경우에는 결국 계약위반이 문제된다. 계약위반에 대한 자세한 내용은 뒤에서 다룬다.

25) 소송에서는 서로 동시이행의 항변을 함으로써 누구도 이행하지 않는 문제를 피하기 위해 둘 다 이행하라는 '상환판결'이 내려진다.

26) 민법 제537조에서 표제를 '채무자위험부담주의'라고 한 것은 우리 민법이 자신의 의무

행할 수 없음은 물론, 원래 계약대로의 매매대금을 청구할 수 없다는 뜻이다.[27) 민법 제537조의 위험부담은 그 규정에서도 명확하게 제시하고 있다시피 당사자 쌍방의 책임없는 사유로 이행할 수 없게 된 때에만 적용된다.[28) 다만 민법 제538 조에서는 불가능이 의무를 부담한 자가 아닌 상대방에 의한 것이거나, 상대방에게 그 불가능에 대한 책임을 전가할 수 있는 경우라면[29) 불가능으로 더 이상 자신의 의무를 이행하지 못하게 된 자는 반대의무의 이행을 청구할 수 있도록 하고 있다.[30)

---

가 불가능하게 된 자(채무자)는 상대방의 이행을 청구할 수 없다는 '(대가)위험'을 부담하게 된다는 의미이다. 불가능하게 된 의무에 대한 (급부)위험은 이에 대한 권리를 가진자(채권자)가 부담하여야 하지만, 채권자는 자신의 의무를 이행할 필요가 없게 되므로, 실제 피해는 채무자에게만 발생하게 된다.

27) 뒤에서 보는 바와 같이 대금에 있어서는 불능이 가능하지 않으므로 이런 문제가 발생하지 않는다.

28) 이는 뒤에서 자세히 다루는 바와 같이 의무의 이행이 불가능한 경우에도 이에 상응하는 책임을 져야 하는 경우가 있게 되는데, 이 경우 책임을 진다는 것은 불가능한 원래의 의무 대신에 여전히 새로운 의무를 부담하는 것이 되기 때문이다. 이 경우 새로운 의무를 이행하도록 하고 그에 대한 반대의무는 여전히 이행하도록 하는 것이다. 다만 상대방이 책임을 묻지 않는 대신 반대의무를 이행하지 않기를 원하는 경우 책임을 져야 할쪽에서도 이를 받아들이지 않을 이유가 없을 것이다.

29) 민법 제538조에서는 그러한 경우로 상대방의 수령지체를 들고 있다. 이에 대해서는 뒤에서 설명한다.

30) 위의 (대가)위험이 이전되었다고 설명되기도 한다.

계약은 당사자간에만 효력을 가진다. 이것은 계약상 권리가 채권이라는 점에서도 확인될 수 있다. 계약 자체가 자유로운 의사에 기해 자신들의 법률관계를 직접 형성하는 것이니 이는 당연하다고 할 것이다. 예외적으로 제3자를 위한 계약도 존재하지만,[31] 이 경우에도 제3자에게 효력이 미치기 위해서는 제3자의 의사를 필요로 하므로 제3자가 자신의 의사에 반하여 타인의 계약에 의해 영향을 받는 것은 아니다.

2107
**계약의 인적 효력**

---

31) 이에 대해서는 민법 제539조 이하(민법 제3편 채권/제2장 계약/제1절 총칙/제2관 계약의 효력)에서 규정하고 있다.

## 수인의 당사자, 당사자의 변경

계약의 당사자는 일대일인 경우가 많겠지만, 어느 한쪽 당사자 혹은 양쪽 당사자가 다수인 경우도 얼마든지 있을 수 있다. 이 경우 채권자와 채무자가 그만큼 많아지는데, 민법 제408조 이하(민법 제3편 채권/제1장 총칙/제3절 수인의 채권자 및 채무자)에서 이를 규정하고 있고, 특히 채무자가 여럿인 경우를 중점적으로 다루고 있다. 채무자간의 관계, 즉 한 채무자에게 발생한 사유가 다른 채무자에게도 영향을 미치는지, 한 채무자가 의무의 이행을 다한 경우 다른 채무자들에게 분담을 요구할 수 있는지(구상[32]) 등이 문제되기 때문이다. 채무자가 다수인 경우 법률상으로는 각자가 분할하여 의무를 부담하는 경우가 원칙이지만(민법 제408조), 의무의 성질상 혹은 당사자의 의사표시나 법률의 규정에 의해 그렇지 않은 경우가 더 많이 활용된다. 특히 당사자간의 공동관계가 인정되는 연대채무(민법 제413조 이하)의 경우가 중심이 된다.[33]

채권자와 채무자를 변경하는 것은 물론, 계약당사자를 변경하는 것도 당사자의 합의를 통해 얼마든지 가능하다.[34] 채권 역시 재산권이므로 양도가 되고(민법 제3편 채권/제1장 총칙/제4절 채권의 양도), 채무도 당사자의 합의로 인수가 된다(민법 제3편 채권/제1장 총칙/제5절 채무의 인수). 계약당사자를 변경하는 것은 당사자로서 가지는 채권과 채무를 함께 거래하는 것인데 이 역시 당사자의 합의에 의해서 가능하다. 이를 계약인수라고 한다.

---

32) 구상 혹은 구상권은 자기가 부담하지 않아도 될 비용을 지출한 사람에게 그 비용의 전부 또는 일부를 이를 궁극적으로 부담하여야 했을 사람으로부터 상환받을 수 있도록 하는 것을 말하며, 채무자간에만 한정적으로 문제되는 것은 아니다.

33) 연대채무의 경우에는 당사자의 합의에 의한 경우뿐만 아니라 법률의 규정에 의해서도 성립한다(예컨대, 민법 제616조). 공동관계가 인정되지 않는 경우도 있는데, 이를 '부진정연대'라고 하며, 이 경우 연대채무에서 가장 핵심적인 내용인 1인에게 발생한 사유가 다른 채무자들에게 영향을 미치는지에 대한 내용(민법 제415조 – 제422조)이 적용되지 않는다.

34) 참고로 계약의 내용을 변경하는 것도 가능한데, 우리법에서는 이 경우 구채무가 소멸하고 신채무가 성립한다는 측면에서 채권의 소멸사유로 경개(민법 제3편 채권/제1장 총칙/제6절 채권의 소멸/제4관 경개)가 규정되어 있다.

계약상 의무는
그 운명이 서로 연관되어 있다?

2109
**부동산에 존재하는 부담과 가격의 조정**

부동산거래는 매도인이 부동산을 넘겨주고 매수인은 이에 대해 대금을 지급하면 된다. 통상적으로 부동산은 매우 비싸지만, 부동산에 어떤 '부담'[35]이 존재한다면, 그 부담을 인수하는 대신 이를 대금에서 제하는 것도 가능하다. 이런 방식으로라면 지금 당장 돈이 없다고 하더라도 부동산을 일단 구입할 수 있게 된다.[36]

2110
**저당권이 설정된 부동산의 구입**

그 예로 대표적으로 고려될 수 있는 것은 부동산에 설정된 '저당권'을 인수하는 것이다.[37] 저당권은 부동산에 존재하는 부담으로 앞서 설명한 물권이다. 따라서 저당권자는 저당권의 기초가 된 채권을 실현하지 못한 경우 저당권이 설정된 부동산을 팔아서 채권을 실현할 수 있다. 이는 그 부동산의 주인이 채무자가 아닌 경우에도 마찬가지인데, 따라서 구입한 부동산에 저당권이 있는 경우[38]에는 매수인은 장차 부동산을 빼앗길 위험에 처하게 된다. 따라서 저당권이 설정된 부동산을 구입하는 경우 통상 매매대금에서 그 부담액만큼을 제하고 후에 스스로 그 돈을 갚는다.

2111
**이용권이 설정된 부동산의 구입**

저당권 이외에도 부동산에 직접 설정되어 이용하는 권리도 인수의 대상이 될 수 있다. 대표적으로 '전세권'이 있는데, 이 권리도 물권의 일종으로 그 권리의 내용, 즉 약정된 기간만큼은 팔린 부동산 위에도 여전히 효력이 있다.[39] '임차권'도 일정한 요건을 갖춘 경우 부동산에 대한 직접 지배성이 인정된다.[40] 또한 전세권

---

35) 부동산 자체에 어떤 문제가 존재하는 등 부동산의 상태가 계약의 내용과는 다를 경우인 '하자'와 구별되지만, 이런 부담이 계약의 내용에 반영되지 못한 경우에는 '하자'로서 평가될 수도 있다. 뒤에서 보는 바와 같이 하자는 이에 따른 책임문제를 낳는다.

36) 실제로 우리나라에서는 이와 같은 이점을 노려 부동산을 구입하는 소위 '갭투자'가 빈번하게 일어나 사회적으로 문제가 된 바 있다.

37) 저당권에 대해서는 민법 제356조 이하(민법 제2편 물권/제9장 저당권)에서 규율한다.

38) 앞에서도 언급한 바와 같이 저당권이 설정되어 있다고 하더라도, 그 부동산의 소유자는 그것을 팔 권리를 상실하지 않는다.

39) 전세권에 대해서는 민법 제303조 이하(민법 제2편 물권/제6장 전세권)에서 규율한다.

40) 이러한 임차권에 대해서는 민법 제618조 이하(민법 제3편 채권/제2장 계약/제7절 임대차)와 주택임대차보호법 및 상가건물임대차보호법에서 정하고 있다. 임대차의 일방당사자로서 물건을 빌려준 사람을 '임대인'이라 하고, 빌린 사람을 '임차인', 임차인의 권리를 '임차권'이라고 한다. 임차권은 임대차계약에 의해서 발생하는 권리로 기본적으로 채권이나 일정한 요건을 갖춘 경우에는 물권과 마찬가지의 성질을 가지게 된다. 즉 물건에

이나 임차권의 경우 후에 부동산의 주인이 일정한 돈[41]을 돌려주어야 하는데, 이용상의 제한과 돌려주어야 하는 돈을 전세권이 설정된 부동산을 구입할 경우 매매대금에서 제하고 구입한 자가 추후 그 부담을 직접 해소하도록 한다. 만약 해소되지 않을 경우 그 부동산에 살고 있는 자[42]는 저당권과 마찬가지로 물건을 매각하여 그 금액만큼을 우선적으로 돌려받을 수 있게 된다.

---

대한 직접적인 지배를 통해 계약의 상대방이 아닌 제3자에게도 그 권리를 주장할 수 있게 된다. 특히 이를 '채권의 물권화'라고 한다.

41) 전세금 혹은 보증금이다.

42) 전세권자 혹은 임차권자이다.

**2112
부담을
인수하는
경우의
법률관계**

부동산을 매입하는 자가 그 부담을 인수한다는 것은 추후 돈을 갚아야 하는 채무를 매수인이 넘겨받는 것을 의미한다.[43] 즉 이 경우 채무에 대한 거래가 이루어지게 된다. 앞서 언급한 대로 채무도 당사자의 합의로 인수하는 것이 가능한데, 이러한 '채무인수'에는 돈을 받을 채권자의 동의가 필수적이다(민법 제453조, 제454조).[44] 그런데 대법원은 이 경우 채무인수가 아니라 '이행인수'가 이루어진다고 판단한다.[45] 즉 부동산의 매도인과 매수인 사이에서 매수인이 매도인의 채무를 대신 갚아주기로 하는 것에 불과한 것으로 본다. 따라서 여전히 원래 돈을 갚아야 할 채무를 부담하고 있는 매도인이 채권자에 대하여 돈을 갚아야 하며, 채권자는 채무를 부담하지 않는 매수인에 대해 돈을 갚을 것을 청구할 수 없다. 매수인이 새로 구입한 부동산이 임차주택인 경우에는 주택임대차보호법 제3조 제4항에서 임대인의 지위를 승계하도록 규정하고 있다.[46] 이 경우는 이행인수와는 달리 전임대인인 매도인은 보증금을 돌려줄 의무로부터 면책되고 새임대인인 매수인이 추후 계약이 종료되면 이를 임차인에게 돌려주어야 한다. 계약인수로 볼 여지가 있으나 대법원은 이를 면책적 채무인수로 본다.[47]

---

43) 항상 채무를 넘겨받고, 매매대금에서 이를 제하여야 하는 것은 아니다. 채무를 넘겨받지 않은 상태로 저당권 등 부담이 있는 부동산을 매수하는 경우에는(다만 전세권이나 대외적으로 주장할 수 있는 임차권의 경우는 합의가 없어도 채무가 양수인에게로 넘어간다고 보는 경우가 있다), 나중에 원래 돈을 갚아야 하는 채무자인 매도인이 돈을 갚지 않을 경우 결국 매수인이 이를 대신 갚은 식이 되어버리므로 이를 매도인에게 청구하는 문제가 발생할 수 있다(이는 제3자의 변제 및 구상권의 문제로 민법 제469조 이하(민법 제3편 채권/제1장 총칙/제6절 채권의 소멸/제1관 변제)에서 규정하고 있다). 그 외에도 저당권 등의 실행으로 부동산을 취득할 수 없거나 취득한 부동산을 잃은 때에는 계약을 해제하거나 자신의 출재로 부동산을 보존하고 매도인에게 그 상환을 청구할 수 있고(민법 제576조), 자신의 이익을 보호하기 위해 매매대금의 지급 자체를 거절할 수도 있다(민법 제588조).

44) 돈을 받을 채권자에게 있어 돈을 갚을 채무자가 바뀌는 것은 매우 중요한 의미를 가지기 때문이다. 이에 반해, 채권을 양도할 시에 이를 채무자에게 통지하거나 채무자가 승낙하도록 하고 있지만(민법 제450조 제1항), 채무자의 승낙을 필수적인 요건으로 하지 않는데, 이는 채권자가 달라진다고 해서 채무자에게 큰 피해가 가는 것은 아니기 때문이다. 채무자로서는 그저 누가 채권자인지만을 명확하게 해주면 될 뿐이다.

45) 대법원 2002. 5. 10. 선고 2000다18578 판결.

46) 상가건물임대차보호법 제3조 제2항에서도 마찬가지의 내용을 규정하고 있다.

47) 대법원 2013. 1. 17. 선고 2011다49523 전원합의체 판결. 면책적 채무인수는 채무가 인수되면서 원래의 채무자는 채무를 면한다는 뜻으로 채무인수의 원칙적인 모습이나, 원래의 채무자도 여전히 채무를 부담하는 병존적 채무인수의 경우도 존재한다. 이 경우 채무자가 복수가 되어 '인적 담보'의 기능을 하게 된다.

돈 없이도
부동산을 살 수 있다?

# 2-2   부동산거래의 올바른 이행

## : 부동산매매계약의 이행과 종결

부동산거래에 있어 부동산을 넘겨주는 것과 이에 대한 대금을 지급하는 것이 중요하다. 이러한 각각의 행위[1]에 집중하여 보면, 서로 다른 특색이 있다. 부동산을 넘겨주는 것은 통상 그 대상이 특정되어 있고, 매매대금은 그렇지 않다. 이는 부동산과 금전의 차이에서 기인하는 것이기도 한데, 행위의 특징에 따라 그것을 내용으로 하는 채권(혹은 채무)의 성질도 달라진다. 특히 부동산을 넘겨주는 것과 같은 채권은 '특정물채권(채무)', 금전을 지급하는 채권은 '금전채권(채무)'으로 규정한다.

**2201**
**특정물채권**
**금전채권**

---

### 채권의 종류

채권의 내용은 계약을 어떻게 했느냐에 따라 달라지므로 이를 미리 유형화하는 것은 불가능하다.[2] 그러나 채권 중 특히 많이 문제되는 내용의 특징에 따라 분류하여 규율하는 것도 가능하다. 우리 민법에서도 제373조 이하(민법 제3편 채권/제1장 총칙/제1절 채권의 목적)에서 특정물채권(민법 제374조), 종류채권(민법 제375조), 금전채권(민법 제376조) 등을 채권의 종류(혹은 목적)로 규정하고 있다.[3]

특히 금전이 아닌 물건의 경우에 있어 특정물인지 아니면 종류로 지정된 종류물인지는 거래에서 매우 중요한 의미를 가진다. 그 차이는 민법 제374조, 제462조, 제467조, 제580조~제581조 등에서 확인될 수 있는데, 이는 대체가능성이 있는지 여부와 관련되어 있다. 특정물인지 아니면 종류물인지 여부는 당사자의 의사를 기준으로 정해지는 것이므로 대체가능한 물건인지(대체물/부대체물)가 반드시 결정적인 것은 아니나 통상 종류물은 대체가능하고 추후 이행과정에서 종류물이 특정된다고 하더라도 여전히 대체가능함을 전제로 여러 법

**2202**
**채권의 종류**

---

1) '급부'라고도 한다. 앞서 위험부담과 관련하여 한 번 언급된 바 있다. 이 행위는 채권(혹은 채무)의 내용이 되고, 이 행위를 함으로써 채무가 이행이 되고, 하게 함으로써 채권은 실현되는 것이다.

2) 그래서 계약상 권리와 의무를 채권과 채무라고 일반적으로 칭하는 것이 보통이고, 그에 따라 앞서 언급한 대로 물권보다 채권의 경우가 더 많이 언급되는 편이다.

3) 다만 이러한 분류는 100년 전 입법시의 상황을 반영한 것으로 물건을 중심으로 하며 현대에 그 중요성이 보다 더 강조되고 있는 서비스계약 등을 포섭하지 못하므로 충분히 포괄적이지 못하다. 서비스계약 등에서는 매매계약과 같은 '주는 채무'가 아닌 '하는 채무'가 문제된다.

적 규율이 이루어지기도 한다.[4]

**2203**
**특정물채권의**
**특징**

부동산을 넘겨주는 것은 통상 어떤 특정한 물건을 넘겨주는 것이 그 내용이고 다른 물건을 대신 넘겨주는 것은 허용되지 않으므로, 통상적으로 부대체물이고, 당사자도 특정물로 의도하는 것이 보통이다.[5] 이는 통상 매도인과 매수인이 물건을 특정하여 합의를 하기 때문이다. 따라서 그 물건은 '여전히 매도인의 소유이기는 하나' 더 이상 매도인만의 것이 아니므로, 그 물건을 넘겨줄 때까지 선량한 관리자의 주의로 보존하여야 한다(민법 제374조). 그리고 물건이 훼손된 경우에도 다른 물건으로 대체될 수 없으므로 이행기의 현상대로 그 물건을 인도하여야 하며(민법 제462조),[6] 달리 합의하지 않는 한 그 물건이 있던 장소에서 넘겨주면 된다(민법 제467조). 그리고 이 물건이 멸실되거나 다른 사유로 인해 넘겨줄 수 없게 되면, 그 이행은 불가능해지는 경우도 발생하게 된다.[7]

**2204**
**금전채권의**
**특징**

매수인이 대금을 지급하여야 하는 경우를 보면, 이 경우는 부동산을 주는 것과는 달리 무엇을 주는지 그 개성이 중요한 것이 아니라 그만큼의 가치만이 이전되면 된다. 앞서 언급한 대로 금전은 가치에 초점을 두고 있기 때문이다. 금전채권에 대한 민법 제376조에서도 가치에 집중하고 있음을 확인할 수 있다. 금전의 경우에는 원칙적으로 이행이 불가능한 상황은 문제되지 않는다.

---

4) 채무자가 특정 후 물건이 멸실한 경우에 다른 물건으로 이를 변경할 수 있도록 하는 것(변경권)이나, 민법 제581조 제2항에서 하자없는 물건을 청구할 수 있도록 하는 것이 그 예이다.

5) 하지만, 예컨대 어느 아파트 단지의 아무 집이라고 계약하는 경우에는 특정물이 아니라 종류물이 될 수도 있다. 다만 본서에서는 특정물을 중점에 두고 계속 논의를 진행한다. 종류물채권은 주로 동산거래에서 문제된다.

6) 그렇게 하는 수밖에 없다는 것이지, 그것으로 충분하다는 의미는 아니라고 할 것이다. 이에 따라 잠시 후 살펴보는 바와 같은 책임문제가 발생한다.

7) 이것이 대체가능한 종류물매매와 가장 큰 차이점이다. 잠시 후 다룰 계약위반에 있어서의 책임과 관련하여 많은 차이점을 드러낸다.

부동산이 멸실되면
그 의무의 이행은 불가능해진다?

**2205**
**채권의 소멸**

계약을 어떻게 지켜야 하는지, 즉 채무를 어떻게 이행하여야 하는지는 기본적으로 계약시 정한 바대로 하는 것이 원칙이지만, 민법 제460조 이하(민법 제3편 채권/제1장 총칙/제6절 채권의 소멸)에서도 다양한 규정을 두고 있다. 제대로 이행되면 계약의 목적은 달성되고 채권도 소멸한다.[8]

**2206**
**이행**
**변제**

이러한 행위를 의무의 '이행' 혹은 채무의 '변제'라고 한다.[9] 이러한 변제는 변제의 제공과는 구별된다. 어떤 경우에는 채무자가 변제에 필요한 모든 행위, 즉 변제의 제공[10]을 해도 변제가 되지 않을 수도 있다. 그럼에도 채무자로서는 약속을 지켰기 때문에 약속을 지키지 않은데 대해서 책임을 지지 않는다. 이를 민법 제461조에서 분명히 하고 있다.[11] 또한 이러한 변제의 제공을 통해 앞서 언급한 동시이행의 항변권을 무용하게 할 수 있음은 앞서 소개한 바와 같다.

**2207**
**채권자지체**

채권자로 인하여 채무가 이행되지 않는 상황이 생기기도 하는데('채권자지체'), 이 경우에는 더더욱 채무자가 책임을 질 필요는 없다. 특히 채권자에게 사정이 있는 경우 채무자는 고의 또는 중대한 과실이 없는 한 나중에 이행을 못하게 되더라도 이에 대한 책임을 지지 않으며(민법 제401조), 이자를 낼 필요도 없고(민법 제402조), 비용이 발생시 채권자에게 이를 청구할 수 있다(민법 제403조).[12]

---

8) 이 때문에 채권은 한시적 권리라고 설명되기도 한다.

9) 사실 변제라는 용어는 금전채무의 이행, 쉽게 말해 돈을 갚을 때 쓰는 것이 일상적이지만 법에서는 모든 채무의 이행을 변제라고 한다.

10) 민법 제460조에서는 약속된 대로의 이행을 채무내용에 좋은 현실제공으로 표현하고 있다. 예외적으로 특정물의 경우는 현상대로 그 물건을 인도하면 된다(민법 제462조). 물론 당사자의 합의 이외에도 민법 제2조에 선언한 신의성실이 적용될 수 있다. 앞서 언급한 바와 같이, 신의성실은 원래는 권리의 행사와 의무의 이행에 대해서 규정되어 있다.

11) 채무불이행책임에 대해서는 뒤에서 자세히 다룬다. 특정물을 현상대로 인도한 것이 애초 계약내용과 다를 경우에도 민법 제461조에서처럼 채무불이행책임을 면한다고 할 것인지가 문제되는데, 아예 변제제공을 하지 않은 경우의 책임은 면한다는 것이지 모든 채무불이행책임을 면하는 것은 아니라고 할 것이다.

12) 채권자의 사정이 또 다른 의미를 가질 수도 있는데 이에 대해서는 추후 다시 소개한다. 또한 채무자의 대가급부청구에도 영향을 준다는 것은 이미 설명한 바와 같다.

# 채권의 소멸원인

채권이 소멸하는 것은 무효 등의 사유로 계약자체가 소멸하는 것과는 구별하여야 한다. 계약은 각각의 채권 혹은 채무로 구성되며 채권의 소멸은 원칙적으로 계약자체에는 영향을 주지 않는다. 물론 모든 채권이 소멸한다면 계약관계도 그것으로 종료하게 될 것이다.

채권이 소멸하는 원인은 매우 많지만, 민법 제460조 이하(민법 제3편 채권/제1장 총칙/제6절 채권의 소멸)에서는 이행에 해당하는 변제(제1관 변제) 이외에도, 공탁(제2관 공탁), 상계(제3관 상계), 경개(제4관 경개), 면제(제5관 면제), 혼동(제6관 혼동)을 규정하고 있다. 많은 규정들이 금전채권의 경우에 적합한 내용을 가지고 있다.[13)

그 외에도 채권의 경우에는 시효에 의해 소멸될 수 있다. 이를 '소멸시효'라 하고, 민법 제162조 이하(민법 제1편 총칙/제7장 소멸시효)에서 규정하고 있다. 계약에 의해서 발생하는 권리인 채권은 10년 동안 행사하지 아니하면 소멸시효에 의해 더 이상 권리의 행사를 할 수 없게 된다(민법 제162조 제1항). 일정한 채권은 그보다 짧은 기간이 정해져 있기도 한다(민법 제163조, 제164조). 시효는 기간이 경과된다고 하여 완성이 되는 것이 아니라 일정한 사유가 있으면 경과되지 않을 수도 있고(민법 제179조~제182조: 시효의 정지), 기간 도중 권리가 행사되는 경우에는 '리셋'되기도 한다(민법 제168조~제178조: 시효의 중단).[14) 요는 권리의 행사가 없는 채로 그 기간이 경과되어야만 하는 것이다.[15)

---

13) 특히 금전의 공탁이 필요한 경우가 별개의 조문으로 존재하기도 한다. 예컨대, 민법 제589조.

14) 그 사유는 청구, 압류 또는 가압류/가처분, 승인이 있고(민법 제168조), 각각의 사유에 대해서 이하의 규정에서 자세히 다루고 있다. 특히 주의하여야 할 점은 이 중 민법 제174조의 경우이다. 내용증명 우편 등을 통해 단순히 상대방에게 청구(최고)하고서 소멸시효가 중단되었다고 생각하는 경우가 많은데, 최고만으로는 불완전하며 6개월 이내에 법규정에 따라 재판상의 청구 등을 하여야 한다.

15) 기간을 어떻게 계산하는지에 대해서는 민법 제155조 이하(민법 제1편 총칙/제6장 기간)에서 규정하고 있다. 이 규정은 모든 법질서에 적용될 수 있는 일반적인 내용을 담고 있다. 앞서 언급한 행위능력자의 경우에도 기간계산은 중요한데, 나이계산은 일반적인 기간과는 달리 특수성이 있다(민법 제158조). 기간은 거래에서 있어서 중요한 의미를 가지는 경우가 많은데, 그 뿐만 아니라 이 규정은 전체 법질서에 모두 적용된다.

소멸시효를 완성한 후 그 이익을 포기하는 것도 가능하다. 소멸시효의 이익은 미리 포기하지 못하며, 당사자의 합의로 이를 배제, 연장 또는 가중할 수 없으나 이를 단축 또는 경감할 수 있다는 것도 주의하여야 한다(민법 제184조).

소멸시효의 기간이 있음에도, 이와는 별도로 일정한 기간 동안 권리를 불행사한 경우에 권리가 더 이상 행사되지 못하도록 신의성실이 개입하는 경우도 있고(실효), 반대로 소멸시효완성의 주장 자체도 때때로 신의성실에 반하여 인정되지 않을 수도 있다. 대법원은 채무자가 시효완성 전에 채권자의 권리행사나 시효중단을 불가능 또는 현저히 곤란하게 하거나 그러한 조치가 불필요하다고 믿게 하는 행동을 한 경우 등에 있어 시효완성을 주장하지 못하게 할 수 있다고 했는데, 동시에 이러한 접근은 예외적인 것으로 특별한 사정이 있는 경우에 한한다는 점을 선언하고 있다.[16]

---

16) 대법원 2010. 9. 9. 선고 2008다15865 판결; 대법원 2013. 5. 16. 선고 2012다202819 전원합의체 판결 등 참조.

권리 위에 잠자는 자는
보호받지 못한다?

변제 즉, 채무의 이행의 방법은 채무의 종류에 따라 달라지는 부분이 있음은 당연하다. 먼저 현대에는 금전을 지급하는 것은 굉장히 간단한 일이기 때문에 특별한 문제를 발생시키지 않는다. 금전은 가치만을 전달하면 되기 때문이다. 원칙적으로 어느 통화로 지급할 것인지도 정해져 있지만 다른 통화로 지급하는 것도 불가능하지 않다(민법 제376조). 계좌이체와 같이 전산적 방법으로 변제가 이루어지는 것이 일반적이므로 변제의 장소도 문제되지 않으며,17) 채권자의 도움이 없더라도 변제는 얼마든지 가능하다.18) 오히려 계좌이체가 가능함에도 무리하여 현금으로 지급하려고 하는 경우이거나 특정화폐를 고집하는 경우 민법 제2조의 신의성실에 반할 수가 있다.19) 또한 계좌이체와 같은 경우에는 이행의 증거로서도 활용될 수 있어 이를 적극 활용하는 것이 좋다.20) 다만 금전거래의 특성상 제3자의 변제(민법 제469조), 변제충당(민법 제476조 이하), 변제자대위(민법 제480조 이하) 같은 것들이 문제될 수 있지만,21) 부동산거래에서 대금을 지급하는 경우에는 많이 문제되지 않는다.

---

17) 민법 제467조에서는 변제의 장소에 대해서 규정하고 있는데, 당사자의 별도약정이 없는 경우에조차도 이 규정이 문제될 여지는 크지 않다. 가치의 이전에 더 이상 현물의 이전이 수반되지 않기 때문이다. 또한 매매대금의 지급에 대해서는 민법 제586조에서 특칙을 두고 있다.

18) 물론 채권자가 계좌를 폐쇄하는 등의 방법으로 정당한 변제의 수령을 방해하는 것이 아예 불가능하지는 않다.

19) 금전채무를 이행함에 있어 큰 액수를 전부 동전으로 준비하는 것과 같이 정상적이지 못한 방법은 신의성실에 어긋나는 대표적인 예로서 그동안 소개되어 왔다.

20) 종래에는 금전지급에 대한 증거로서 영수증을 교부받기도 하고 이를 민법에서도 규정하고 있지만(민법 제474조) 증거 이외에 다른 법적 효력은 없다.

21) 이와 같은 변제에 대한 규정은 주로 금전채무의 이행을 염두에 둔 법규정이다. 물론 변제에 대한 규정 중에서도 부동산을 넘겨주는 의무 등에도 적용될 수 있는 내용들도 있다. 예컨대, 변제의 장소(민법 제467조), 변제비용의 부담(제473조) 등이 그렇다. 또한 금전채무의 이행이건 부동산에 대한 특정물채무의 이행이건 어느 경우나 대물변제(민법 제466조)가 가능함도 당연하다. 대물변제는 당사자의 합의가 필요한 부분으로 계약이며 합의와 동시에 이행이 필요하므로 요물계약이다.

부동산을 넘겨주는 것에도 특정물의 특성이 반영될 수 있다. 거래에서 물건을 넘겨준다는 것은 그 현실적인 점유가 아닌 법적 권리를 넘겨주는 것에 더 초점이 맞추어져 있다.[22] 매매에서 부동산을 넘겨주는 것은 결국 부동산에 대한 소유권을 넘겨주는 것인데, 이는 엄밀히는 부동산에 대한 현실적 점유를 넘겨주는 것과는 구별된다. 그런데 앞에서 언급한 대로, 소유권과 같은 물권들은 대외적으로 공시될 필요가 있고 부동산은 등기[23]를 그 공시수단으로 채택하고 있으며 더 나아가 공시의 변경이 없이는 소유권 등 물권 자체의 취득과 변경은 이루어지지 않도록 하고 있다(민법 제186조).[24] 이 점이 부동산을 넘겨주는 방식으로서 매우 중요한 의미를 가지게 된다. 실제로 등기를 하지 않으면 부동산에 대한 소유권은 넘어가지 않으며 부동산에 대한 현실적인 점유가 넘어간 경우라고 하더라도 다르지 않다. 오히려 소유권이 넘어가지 않았음에도 그 현실적인 점유를 이전받은 사람에 대해서는 소유권을 근거로 반환청구를 할 수 있을 것이다(민법 제213조).

**2210
부동산
소유권의
이전방법**

---

22) 매매와 같은 거래란 그 물건 자체보다는 물건에 대한 권리에 초점이 맞추어져 있다(민법 제568조에서도 매매의 대상을 권리로 지칭하고 있다).

23) 부동산에 대한 공시제도인 '등기'는 부동산의 경우에 소유권과 같은 물권을 공시하는 것으로, 앞에서 언급한 대로 부동산 이외에도 선박, 자동차와 같은 특수한 동산들의 경우에도 등기(혹은 등록)가 가능하고, 최근에는 '동산·채권 등의 담보에 관한 법률'이 제정되어 시행됨에 따라 동산이나 채권에 대해서도 등기를 할 수 있도록 하고 있다. 등기가 존재하는 경우에는 권리의 이전은 등기를 중심으로 이루어진다. 부동산과 관련하여서는 '대장'도 있다. 대장은 사법상 권리와 무관하게 행정목적에 따라 직권으로 생성되는데, 기재내용이 등기와 중복되는 바가 많다. 대장과 등기의 내용이 불일치하는 경우, 사실과 관련된 내용은 대장을 기준으로 권리와 관련된 내용은 등기를 기준으로 정정하게 된다.

24) 거래가 아닌 경우, 대표적으로 상속, 공용징수, 판결, 경매 기타 법률의 규정에 의한 경우에 이에 대한 예외를 규정하고 있는데, 이에 따를 경우 등기를 하지 않아도 권리의 취득이 가능하지만, 등기를 하지 아니하면 이를 처분하지 못하도록 하고 있다(민법 제187조).

# 부동산등기

부동산에 대한 물권 변동에 등기가 필요하다는 것은 민법에서 규정하고 있지만, 부동산에 대한 등기에 대해서는 '부동산등기법'에서 자세히 규정하고 있다. 어떤 권리에 대해서 등기를 하고, 등기의 내용에는 어떤 것들이 있는지도 부동산등기법에서 정해진 바에 따른다.[25]

등기는 그 내용에 따라 보존등기,[26] 권리변동의 등기,[27] 말소등기[28], 멸실등기[29] 등으로 나누어 볼 수 있고, 주등기와 부기등기,[30] 본등기와 가등기로도 나눌 수 있다. 가등기는 임시로 하는 등기로 추후 본등기가 있을 경우를 염두에 둔 조치[31]로 본래 등기는 본등기를 의미한다.[32]

부동산등기는 거래의 양당사자가 공동으로 신청하여야 한다.[33] 다만 통상적으로 등기는 한 명의 대리인이 양측을 대리하여 진행하는 것이 일반적이다.[34] 등기신청을 하려면 여러 가지 서류가 필요한데, 특히 등기원인을 증명하는 서

---

25) 기본적으로 등기는 부동산에 있어 대외적인 효력을 가진 권리인 물권을 공시하기 위한 목적이지만, 설령 부동산에 대한 것이라도, 모든 물권이 공시가능한 것도 아니고 물권이 아닌 경우에도 공시가 가능한 것이 있다.

26) 미등기의 부동산에 대하여 최초로 이루어져 그 후에 행하여지는 각종 등기의 기초가 되는 등기를 말한다.

27) 보존등기를 기초로 민법 제186조에 따라 행하여지는 등기로 그 내용에 따라 이전등기, 설정등기 등으로 지칭된다.

28) 등기에 대응하는 실체관계가 원시적 또는 후발적으로 소멸함에 따라 기존의 등기를 말소하는 것을 말한다.

29) 부동산이 멸실될 경우 하게 되는 등기를 말한다. 멸실등기를 하게 되면 해당 등기는 폐쇄된다.

30) 부기등기는 주등기에 종속되어 시행되는 것을 말한다. 주등기가 말소되면 부기등기는 자연히 말소되며, 특히 부기등기는 주등기의 효력에 따른다.

31) 예컨대 미리 가등기를 해 두었다가 추후 본등기를 하는 경우에는 가등기 이후 본등기 전에 이루어진 다른 등기는 본등기시에 모두 효력을 상실하게 된다.

32) 그 외에도 기존의 등기를 수정할 필요가 있는 경우에 수정사유가 기존의 등기시에 이미 존재하느냐에 따라 '경정등기'와 '변경등기'로 구별하기도 한다.

33) 이를 '공동신청주의'라고 한다. 등기의 이익을 받는지에 따라 '등기권리자', '등기의무자'로 나누어진다.

34) 민법 제124조가 적용되지 않는다.

면(예컨대 매매계약서)을 제출하여야 한다.[35] 등기신청을 받은 등기공무원은 신청서류가 제대로 갖추어져 있는지를 심사하는데, 그 외 이 등기가 진정으로 적절한 것인지(예컨대 계약이 유효한 것인지)에 대해서는 심사하지 않는다.[36]

등기신청 후 기재가 되면, 신청시에 물권의 변동이 있는 것으로 본다.[37] 법에서 정한 형식적인 요건을 갖추지 못하거나, 등기의 내용이 그 근거가 되는 거래의 내용과 다른 경우에는 등기는 원칙적으로 효력이 없다. 다만 그렇게 이루어진 등기가 실체적 권리관계와 부합하는 경우에는 그 효력을 인정하는 것이 대법원의 오랜 관행이다.[38] 일단 효력이 생긴 이후에는 이후 불법적으로 등기가 말소된 경우에도 이는 변동된 권리에 영향을 주지 않는다.[39]

현실의 권리관계를 제대로 공시하지 못하는 거짓된 등기를 '부실등기'라고 한다. 그 원인은 매우 다양하지만, 특히 우리의 경우는 성립된 계약을 바탕으로 등기를 한 연후에 계약이 무효이거나 취소된 경우 처음부터 계약을 원인으로 한 물권의 변동도 없었던 것으로 파악하는데,[40] 해당등기의 말소없이도 소유권은 원소유자에게 복귀되고 등기는 부실등기가 되어 버린다. 그 등기를 바탕으로 거래가 이루어진 경우에는 등기를 믿고 거래한 사람조차도 보호받을 수 없는데,[41] 이는 거래 당시 미처 정리되지 못한 부실등기였던 경우이건 거래 후 그 이전거래의 무효 혹은 취소의 소급효로 인한 것이건 마찬가지이다.[42] 즉,

---

35) 그 외에도 행정목적상 필요한 서류를 갖추어야 할 경우가 있다. 예컨대, 농지법 상의 농지취득자격증명이 없으면 등기가 불가능하다.

36) 이를 '형식적 심사주의'라고 한다.

37) 기재가 되지 않으면, 아무런 효력도 발생하지 않는다.

38) 대법원 1978. 8. 22. 선고 76다343 판결 등. 같은 맥락에서 '무효등기의 유용'도 가능하다.

39) 이에 따라 등기는 '효력발생요건'이지 '효력존속요건'은 아니라고 한다. 이 경우 권리자는 자신의 권리를 입증하여 '회복등기'를 할 수 있다.

40) 앞에서 언급한 대로 등기는 그 근거가 되는 거래내용이 수반되어야 하는데, 그것이 처음부터 없었던 것이 되기 때문이다.

41) 이 경우 뒤에서 자세히 다루는 바와 같이 자신과 거래한 자에게 계약위반에 대한 책임을 물을 수는 있다.

42) 권리가 없는 사람으로부터 권리를 취득할 수는 없는데, 거래 당시 문제가 없었다가 거래 후 그 이전거래의 무효 혹은 취소가 된 경우에도 그 소급효로 인해 그 다음거래의 매도인은 한 번도 소유권을 가지지 못한 것으로 취급되기 때문이다. 이 두 가지 점에 대해서 이미 설명한 바 있다.

우리의 등기는 공신력을 가지지 못한다.[43] 그러나 그럼에도 등기는 일정한 추정력을 가지므로[44] 그로 인해 보호받을 수 있는 바도 크다고 할 수 있다.

등기는 과거 종이로 작성된 적이 있었으나 2000년대 초 막대한 예산을 들여 전산화하여 지금은 전자문서의 형태로 보존되고 있다. 이로 인하여 등기가 멸실되는 것과 같은 문제, 중복등기의 문제[45] 등은 최근에는 더 이상 문제되지 않게 되었다.

---

43) 참고로, 동산거래에 있어서는 무권리자로부터 권리를 취득하는 것도 가능한데(민법 제249조), 부동산의 경우에는 이러한 제도가 존재하지 않는다. 그러나 계약이 무효, 취소되는 일정한 경우에 우리법은 그 계약으로 형성된 외관을 신뢰하여 새롭게 이해관계를 가진 제3자를 보호하는 규정을 두고 있는 경우가 있는데(민법 제107조~제110조), 이 경우에는 무권리자로부터의 권리취득이 가능해지기도 한다.

44) 점유의 경우(민법 제200조)와는 달리 명문의 규정은 없지만, 인정된다. 추정되는 내용에는 등기된 권리의 적법, 등기원인의 적법, 대리권의 존재, 등기가 적법한 절차에 의한 것 등이 포함되는데, 등기의 유효성을 부정하는 자가 입증하거나 등기의 원인무효임이 비교적 명백하다고 할 수 있는 경우에 그 추정은 깨어진다.

45) 원래 등기는 부동산마다 하나씩만 만들어져야 하는데(1부동산 1용지주의), 과거에는 중복으로 등기가 마련되는 경우가 있었고 등기명의인이 동일한 경우에는 항상 먼저 한 등기만이 유효하고(대법원 1983. 12. 13. 선고 83다카743 판결), 등기명의인이 서로 다른 경우에는 원칙적으로 먼저 만들어진 등기만이 유효하다고 보면서, 예외적으로 먼저 이루어진 소유권보존등기가 원인무효가 되는 경우에는 나중에 만들어진 등기가 유효할 수 있다고 하였다(대법원 1990. 11. 27. 선고 87다카2961, 87다453 전원합의체 판결).

등기를 믿어도
보호받지 못할 수 있다?

**2212**
**부동산등기의**
**종류**

부동산등기는 부동산마다 하나씩 만들어진다.[46] 물건을 중심으로 하며, 권리자가 바뀔 때마다 기재를 하는 형식이다.[47] 부동산은 토지와 건물이 중요한데, 각각 별개의 부동산이므로 등기도 따로 마련되어 있다. 다만 아파트와 같은 집합건물의 경우에는 건물과 토지에 대한 내용이 하나의 등기에 모두 담겨있고, 이 두 가지를 구분하여 거래하는 것은 원칙적으로 금지된다.[48]

**2213**
**부동산등기부의**
**구성**

등기를 담은 등기부는 표제부, 갑구, 을구로 구성된다. 표제부에는 그 부동산에 대한 현황을 기재하는 것이고, 갑구는 소유권과 관련된 사항, 을구는 그 외 다른 물권과 관련된 사항이 기재된다. 갑구를 통하여 누가 소유자인지와 소유자변경가능성에 대해서 파악할 수 있고,[49] 을구를 통하여 해당 부동산에 설정한 다른 물권들, 특히 저당권의 존재를 파악할 수 있게 된다. 등기는 순서대로 기재되며 각각 고유의 순위번호를 가지게 된다.[50]

**2214**
**부동산등기부의**
**열람**

등기부는 발급당시에 현재 상황만이 드러나도록 할 수도 있고, 현재는 말소된 이전의 사항까지도 포함되도록 할 수 있다. 말소된 사항을 통해 부동산의 이력까지도 확인할 수 있는 것이다. 등기부는 대법원에서 관리하며 대법원인터넷등기소를 통해 누구나 손쉽게 열람할 수 있다.[51]

---

46) 이를 '1부동산 1등기주의'라고 한다.

47) 이를 '물적편성주의'라고 한다. 이와 달리 권리자를 중심으로 등기를 작성하는 것을 '인적편성주의'라고 하는데, 우리의 경우는 앞서 소개한 바 있는 '동산·채권 등의 담보에 관한 법률'에 의한 등기가 인적편성주의를 취하고 있다.

48) 집합건물의 소유 및 관리에 관한 법률 제20조에서도 이 점을 명확히 하고 있다. 현대에는 집합건물을 건축함에 있어 토지에 대한 문제를 정리하여 다른 문제가 발생할 소지가 거의 없으나, 예전에는 집합건물을 건축하여 분양하는 자가 미처 토지에 대한 이용권을 확보하지 못하여 그로 인한 문제가 많이 발생하였다.

49) 소유권에 대한 (가)압류, 경매개시결정, 가처분 등 처분제한등기와 가등기를 통해 그 가능성을 가늠할 수 있다.

50) 물권에 있어서는 앞서 살펴본 바와 같이 서로간에 성립순서에 따라 우선순위가 정해질 필요가 있는데, 성립순서는 순위번호에 따른다. 갑구와 을구간의 우선순위에 대해서는 접수번호를 통해서 결정한다.

51) www.iros.go.kr. 최근에는 앱을 통해 스마트폰으로도 쉽게 확인할 수 있다.

## 등기부 등본 (현재 유효사항) – 집합건물

**2215
부동산
등기부**

[집합건물] 서울특별시 ▉▉▉ ▉▉▉ 300-130 제17동 제1층 제101호

고유번호 ▉▉▉ ▉▉ ▉▉▉▉

| 【 표 제 부 】 ( 1동의 건물의 표시 ) | | | | |
|---|---|---|---|---|
| 표시번호 | 접 수 | 소재지번,건물명칭 및 번호 | 건 물 내 역 | 등기원인 및 기타사항 |
| 1<br>(전 1) | 1973년5월21일 | 서울특별시 ▉▉ ▉▉▉<br>300-130<br>제17동 | 철근콩크리트조 슬래브지붕 5층<br>멘숀아파트주택<br>1층 611.71㎡<br>2층 611.71㎡<br>3층 611.71㎡<br>4층 611.71㎡<br>5층 611.71㎡<br>옥탑 39.67㎡ | |

| ( 대지권의 목적인 토지의 표시 ) | | | | |
|---|---|---|---|---|
| 표시번호 | 소 재 지 번 | 지 목 | 면 적 | 등기원인 및 기타사항 |
| 1<br>(전 1) | 1. 서울특별시 ▉▉▉ 300-130<br>2. 서울특별시 ▉▉▉ 300-128<br>3. 서울특별시 ▉▉▉ 300-129<br>4. 서울특별시 ▉▉▉ 300-289 | 대<br>대<br>도로<br>대 | 1639.7㎡<br>465.4㎡<br>559.7㎡<br>203㎡ | 1986년9월17일 |

| 【 표 제 부 】 ( 전유부분의 건물의 표시 ) | | | | |
|---|---|---|---|---|
| 표시번호 | 접 수 | 건물번호 | 건 물 내 역 | 등기원인 및 기타사항 |
| 1<br>(전 1) | 1973년5월21일 | 제1층 제101호 | 철근콩크리트조<br>101.95㎡ | 도면편철장 제2책 제323장 |

| ( 대지권의 표시 ) | | | |
|---|---|---|---|
| 표시번호 | 대지권종류 | 대지권비율 | 등기원인 및 기타사항 |
| 1<br>(전 1) | 1. 2. 3. 4 소유권대지권 | 867.5분의 29 | 1986년9월17일 대지권<br>1986년9월17일 |

| 【 갑 구 】 ( 소유권에 관한 사항 ) | | | | |
|---|---|---|---|---|
| 순위번호 | 등 기 목 적 | 접 수 | 등 기 원 인 | 권 리 자 및 기 타 사 항 |
| 10 | 소유권이전 | 2005년2월17일<br>제4173호 | 2005년1월19일<br>매매 | 소유자 ▉▉ ▉ ▉▉-1●●●●●●<br>서울특별시 ▉▉ ▉ ▉ ▉▉▉ |

| 【 을 구 】 ( 소유권 이외의 권리에 관한 사항 ) | | | | |
|---|---|---|---|---|
| 순위번호 | 등 기 목 적 | 접 수 | 등 기 원 인 | 권 리 자 및 기 타 사 항 |
| 13 | 근저당권설정 | 2005년2월17일<br>제4174호 | 2005년2월17일<br>설정계약 | 채권최고액 금300,000,000원<br>채무자 ▉▉▉<br>서울 ▉▉▉ ▉ ▉▉▉ ▉▉▉▉<br>근저당권자 주식회사▉▉은행 ▉▉ ▉▉▉▉<br>서울 종로구 ▉▉▉ ▉▉▉<br>( 개인여신팀 ) |

2216
미등기매수인의
법적지위 1

부동산매매에 있어 등기를 하지 않은 경우 소유권은 넘어가지 않는다는 것은 이미 설명한 바와 같다. 이 경우 부동산의 소유자는 여전히 매도인이고 매수인은 소유권을 얻기 위해서 등기를 넘겨달라고 청구할 수 있을 뿐이고,52) 소유자로서의 어떠한 권리도 가지지 못한다. 그런데 등기를 넘겨받지 않았음에도 그 부동산의 점유를 넘겨받아 사용수익하고 있는 경우에,53) 여전히 소유자인 매도인은 매수인에게 부동산을 돌려달라고는 할 수 없다. 앞서 언급한 대로 소유자는 자신의 소유물을 돌려달라고 할 수 있지만(민법 제213조), 여전히 소유자는 매수인에게 부동산의 소유권을 넘겨주어야 할 위치에 있기 때문이다.54)

2217
미등기매수인의
법적지위 2

다만 매도인은 자신에게 등기가 남아있음을 기회로 다른 사람과 사이에 다시 거래를 시도할 수 있는데, 이 거래가 성공하여 등기까지 넘겨준 경우에는 등기를 넘겨받은 두 번째 매수인이 소유자가 되며, 이 경우 두 번째 매수인이 부동산을 갖고 사용 중인 첫 번째 매수인에 대하여 부동산을 돌려달라고 할 경우에는 첫 번째 매수인은 이를 거부할 수 없다.55) 마찬가지의 이유로 매도인에 대한 강제집행시, 혹은 매도인이 파산할 경우 그 부동산은 매도인의 재산으로 취급되어 매수인은 자신의 권리를 실현하지 못하게 될 수도 있다.56) 그리고 매수인이 가지는 권리는 계약상 권리, 즉 채권이므로 10년 동안 행사하지 않으면 소멸된다(민법 제162조). 그러나 부동산을 넘겨받아 사용 중인 경우는 권리를 행사 중으로 보아야 하므로 소멸시효는 진행되지 않는다는 것이 대법원의 입장이다.57)

---

52) 이러한 '등기청구권'은 양당사자가 가지는 부동산등기법상의 '등기신청권'과 다르고, 그 내용이 등기에 대한 것일 때를 일반적으로 총칭하는 것이다. 그것은 계약에 의해 인정되는 권리일 수도 있고, 소유권에 기한 물권적 청구권일 수도 있다. 전자의 경우에는 계약의 상대방에게 밖에 주장할 수 없지만, 후자의 경우는 자신의 소유권을 침해해 온 누구에게나 주장할 수 있다. 그 근거에 따라 법적 효력이 달라지고 등기청구권 자체에 어떤 독립된 효과가 인정되는 것은 아니다.

53) 소유권을 넘겨받지 않았다고 하더라도 부동산을 넘겨받아 사용수익할 수 있다. 민법 제587조에서도 매수인은 부동산을 인도받은 후로는 그 과실을 수취할 수 있다고 규정하고 있다.

54) 이 경우 대법원은 매수인이 민법 제213조 단서의 점유할 권리가 있는 것으로 본 바 있다(대법원 1998. 6. 26. 선고 97다42823 판결).

55) 이 경우 앞서 언급된 이중매도도 문제된다.

56) 소유자는 집행에 대해 '제3자 이의의 소'를 제기할 수 있고, 파산에 대하여 '환취권'을 행사할 수 있다.

매수인이 등기를 취득하지 않은 상태에서도 거래를 시작할 수 있다.[58] 실제로 등기를 넘겨받지 않은 상황에서 거래를 하여 돈을 받고 부동산의 현실적 점유를 넘겨주는 경우가 있을 수 있다. 이 경우에도 미등기매수인으로부터 물건을 넘겨받은 자 역시 소유권자가 되지 못함은 당연하고, 자신과 거래한 자에게 소유권을 넘겨줄 것을 청구할 수 있을 뿐이다. 이 경우 미등기매수인과 거래한 최종매수인은 미등기매수인을 통해 등기를 넘겨받을 수밖에 없는데, 미등기매수인에게 등기를 확보한 후 다시 넘겨줄 것을 청구하는 대신, 자신이 스스로 미등기매수인의 권리를 대신 행사하여 미등기매수인에게 등기를 귀속시켜 자신의 목적을 달성할 수도 있다.[59] 그런데 최종매수인의 경우에는 부동산을 현재 사용수익하고 있으므로 자신의 채권이 시효소멸하지 않는다고 하더라도[60] 미등기매수인의 채권은 시효소멸하게 되면 최종매수인이 대신 행사할 미등기매수인의 권리가 없어지므로 미등기매수인을 거쳐 소유권을 넘겨받지 못하게 될 수도 있다. 대법원은 이에 대해 미등기매수인의 소유권이전에 대한 채권도 시효소멸하지 않는다는 입장이다.[61] 그리고 이와 같이 등기를 통해 소유권을 확보할 수 있는 경우 현재의 소유자가 그 소유권에 기해 반환을 요구하는 것도 인정되지 않아야 할 것이다.

미등기매수인과 거래한 최종매수인이 현재 소유자인 원래의 매도인에게 직접 등기를 넘겨달라고 할 수 있는지가 문제된다. 이를 '중간생략등기'라고 하는데, 중간생략등기는 등기와 거래의 실질이 일치하지 않고, 법의 규제를 피하기 위한 방

**2218**
**미등기매수인과**
**거래한 자의**
**법적지위**

**2219**
**최종매수인의**
**중간생략등기**
**가부**

---

57) 대법원 1976. 11. 6. 선고 76다148 전원합의체 판결.

58) 이미 수차례 언급된 바와 같이, 설령 소유권이 없다고 하더라도 매매계약을 체결하는 것은 가능하다(민법 제569조). 그리고 이 경우는 매수인이 소유권자가 아니라고 하더라도 해당 부동산을 취득하여 넘겨줄 지위에 있으므로 법적으로 잘못된 행위(예컨대 사기)를 하는 것도 아니다.

59) 민법 제404조의 채권자대위권을 통해 미등기매수인의 권리를 대신 행사하는 것이다. 채권자대위권은 원래 채권자가 금전채권의 실현을 확실히 하기 위하여 채무자의 재산을 확보하기 위한 제도로 시작하였으나, 부동산의 이전을 목적으로 하는 특정채권의 만족을 위해서도 활용되고 있다. 이는 기존제도의 '전용'이라고 할 것이나 채권자대위권은 원래의 목적보다 전용된 목적을 위해 더 많이 이용되고 있는 현실이다.

60) 앞에서 소개한 대법원 1976. 11. 6. 선고 76다148 전원합의체 판결.

61) 대법원 1999. 3. 18. 선고 98다32175 전원합의체 판결.

식으로 활용됨에 따라 금지되고 있다.[62]. 앞에서 설명한 대로 일단 최종매수인에게 등기가 된 경우에는 등기에 상응하는 거래의 실질이 존재하지 않더라도, 실체관계에 부합하는 등기로 유효가 될 수 있지만,[63] 직접 청구를 하기 위해서는 세 당사자 모두의 합의가 필요하다는 것이 대법원의 입장이다.[64] 미등기매수인이 가지는 권리를 최종매수인에게 이전하여 최종매수인이 직접 원래의 매도인에게 등기를 넘겨달라고 청구할 수 있는지가 문제되었는데 대법원에서는 매도인이 이에 동의하지 않는 한 인정될 수 없다고 하였다.[65]

---

62) 부동산등기특별조치법 제2조.

63) 대법원에 따르면, 위 특별조치법을 위반한 경우 사법상 효력까지 부정되는 것은 아닌데(대법원 1993. 1. 26. 선고 92다39112 판결), 토지거래허가구역 내의 토지에 대해서는 중간생략등기가 이미 이루어졌다고 하더라도 적법한 토지거래허가 없이 경료된 등기로 그 효력을 부정하고 있다(대법원 1997. 11. 11. 선고 97다33218 판결).

64) 대법원 1995. 5. 24. 선고 93다47738 판결.

65) 대법원 2001. 10. 9. 선고 2000다51216 판결.

등기를 하지 않으면
소유자가 될 수 없다?

**2220
지속된 점유를
통한 소유권의
취득**

　미등기매수인이건, 미등기매수인과 거래한 최종매수인이건 소유권을 가지지 못한 자가 일정한 시간 동안 부동산을 실제로 지배하여 온 경우에 그 부동산을 취득하게 되는 경우도 있다. 이를 '취득시효'라고 한다. 이를 통해서 미처 소유권을 확보하지 못했던 자는 소유권을 취득할 수 있는 권리를 얻게 된다.

# 취득시효

취득시효는 거래 이외의 방식으로 소유권을 취득하는 것으로 우리 민법 제245조 이하(민법 제2편 물권/제3장 소유권/제2절 소유권의 취득)에서 이를 규정하고 있다.[66] 소유권이외의 재산권의 경우도 시효로 인한 취득이 가능하지만(민법 제248조), 많이 문제되지는 않는다. 원칙적으로 부동산/동산을 가리지 않지만, 특히 부동산의 경우에 소유권을 취득할 수 있게 되는 민법 제245조 제1항의 경우가 특히 많이 문제된다. 민법 제245조 제1항에서는 20년간 소유의 의사로 평온, 공연하게 부동산을 점유하는 자는 등기함으로써 그 소유권을 취득할 수 있다고 하고 있다.[67]

이 제도를 통해 내 것이 아닌 것을 내 것으로 하는 경우도 있을 수 있겠지만, 요건 중 소유의 의사를 요구받고 있는데다가[68] 대법원은 '악의의 무단점유'의 경우에 소유의 의사가 없다고 하여 취득시효의 완성을 부정하고 있다.[69] 따라서 응당 자기 소유가 되어야 할 부동산의 등기를 갖추지 못한 경우[70]나 측량의 실수 등으로 인하여 자신의 땅으로 인식하고 그 부동산을 소유자처럼 지배해 온 경우처럼 예외적인 사안에 있어 이 제도가 활용되고 있는 실정이다.

다만 법규정에서도 명확하게 알 수 있는 바와 같이 소유권을 얻는 것이 아니라, 소유권을 넘겨달라고 할 수 있는 권리, 즉 채권을 획득하게 되는 것이다.[71] 이 경우 취득하게 되는 권리가 소유권이 아니라 채권에 불과하며 앞서

---

66) 소유권의 취득에 대해서 우리 민법은 무주물, 유실물 등에 대해서도 규정하고 있으며, 물건이 부합, 혼화, 가공된 경우, 즉 첨부의 경우에 소유권이 어떻게 되는지에 대해서도 규정하고 있다.

67) 그 요건 중 사실상 지배 즉, 점유와 관련하여서는 민법 제192조 이하(민법 제2편 물권/제2장 점유권)에서 규정하고 있다. 이 중 특히 민법 제197조, 제198조, 제199조는 취득시효의 요건과 밀접한 관련성을 가진다.

68) 소유의 의사를 가진 점유를 '자주점유'라고 하는데, 남의 물건을 빌리는 자로서 하는 점유는 소유의 의사가 아니므로 '타주점유'라 한다.

69) 대법원 1997. 8. 21. 선고 95다28625 전원합의체 판결.

70) 예컨대, 무권리자로부터의 거래와 같이 그 대가를 모두 지불한 경우라던가, 원래 소유자임에도 등기 등의 문제로 소유권을 증명할 수 없는 경우를 들 수 있을 것이다.

71) 이는 계약 이외의 경우에 계약에서와 같은 채권을 발생하게 하는 경우에 해당한다.

언급한 채권의 논의가 그대로 적용되어야 하는데, 특히 채권자에 불과하기 때문에 그 동안 그 목적물이 다른 사람의 소유가 된 경우에는 그 사람에게 대항할 수 없다는 내용이 이 경우에 문제된다. 이에 따라 취득시효 완성 후 등기명의자가 변경되면 그 자에 대하여 취득시효의 완성을 토대로 소유권을 이전해 줄 것을 청구할 수 없고,[72] 이를 위한 전제로 점유의 기산점은 점유개시시로 고정이 된다. 이로 인해 20년보다 더 길게 소유의 의사로 부동산을 점유한 자가 오히려 소유권을 취득하지 못하게 되는 문제점이 발생하기도 한다. 대법원은 등기명의가 변경된 시점으로부터 다시 취득시효의 요건을 갖춘 경우 다시 소유권을 취득할 수 있는 길을 인정하고 있기는 하나,[73] 위와 같은 본질적인 문제는 해결되지 않고 있다.

취득시효라는 제도는 분명 일반적인 제도라고는 할 수 없지만, 현재까지도 우리법에서 일정한 기능을 수행해 오고 있는 제도이다. 앞에서 언급한 대로 소유권은 원칙적으로 소멸시효 등에 의해서 침해될 수 없지만, 이러한 취득시효에 의해서 소멸될 수도 있다.

---

72) 이중매매와 구조가 동일하다.

73) 대법원 1994. 3. 22. 선고 93다46360 전원합의체 판결. 이와 관련하여 대법원 2009. 7. 16. 선고 2007다15172, 15189 전원합의체 판결도 참조하라.

남의 땅을 20년간 점유하고 있으면
내 것이 된다?

2222
건물을 거래할
때의 주의점

    앞서 언급한 대로 부동산 중 토지와 건물은 별개의 부동산으로 취급되고 있고 등기도 별도로 되어 있다. 그런데 건물에 대한 거래를 완료하면서 미처 토지에 대해서 거래를 하지 않은 경우라면 거래가 완료된 후 토지의 소유자는 건물의 소유자에게 자신의 토지에서 건물과 함께 나가줄 것을 청구할 수 있게 된다.74) 이를 방지하기 위해서는 건물을 거래할 때 토지에 대한 거래 혹은 이용권 확보도 함께 하여야 한다. 토지를 함께 거래할 경우에는 지금까지 살펴본 바와 같이 토지를 대상으로 계약을 하고 이를 토대로 등기를 하여야 함은 당연하다. 그리고 이용권을 확보하는 경우에는 그 권리의 성질에 따라 필요한 절차를 마무리 지어야 한다.

2223
건물 소유를
위한
토지이용권
거래

    거래당시 건물과 토지의 소유자가 다른 경우에는 건물소유자가 이미 토지에 대한 이용권, 예컨대 지상권 혹은 임차권을 가지고 있다. 이 경우 건물을 거래함에 있어 별도의 합의가 없는 경우에도 그 거래에 토지이용권에 대한 거래도 포함되어 있는 것으로 취급한다.75) 다만 이는 그러한 합의가 있는 것으로 보는데 그치기 때문에 토지이용권을 이전하기 위한 다른 절차, 예컨대, 지상권등기의 이전76)이 필요하다면 그것은 별도로 갖추어야 한다. 위와 같은 거래관계가 유지되는 한, 미처 토지에 대한 이용권을 확보하지 못한 건물소유자에 대해서도 토지소유자는 소유권에 기해 물권적청구권, 보다 구체적으로 건물의 철거 및 토지의 인도를 청구하지 못한다.77)

---

74) 이는 건물소유자가 권리없이 타인의 토지를 침해하고 있는 것으로, 앞서 언급한 대로 토지소유자는 자신의 소유권에 따른 물권적청구권(민법 제213조)을 행사할 수 있다.

75) 우리 민법 제100조에서 규정하고 있는 주물종물법리에 따른다. 물론 당사자가 달리 합의할 경우에는 그렇지 않다.

76) 물권인 지상권은 등기가 필요하다. 임차권의 경우에는 물권이 아니기에 등기는 필요없으나, 다른 제한, 예컨대 민법 제629조에서 규정한 임대인의 동의가 필요하게 된다.

77) 이는 건물소유자가 자신의 권리행사를 통해 이용권을 확보할 수 있기 때문이며, 앞에서 설명한 아직 소유권을 확보하지 못한 매수인의 법적 지위와 동일한 근거로 설명될 수 있다.

거래당시 건물과 토지의 소유자가 같았던 경우에는 이용권이 존재하지 않았기 때문에[78] 별도의 이용권을 설정하는 행위가 필요하지만,[79] 그렇지 않은 경우에도 '관습법상의 법정지상권'이 성립하여 이용권이 확보되기도 한다.[80] 다만 당사자가 달리 합의하는 경우에는 이러한 이용권은 성립하지 않는다. 원래 지상권은 등기가 필요한 물권이지만, 이 경우는 민법 제187조에서 규정하고 있는 바와 같이 법률의 규정에 의한 권리의 변동이므로 등기를 필요로 하지 않는다. 다만 이미 성립된 법정지상권을 다시 거래하는 경우에는 앞에서 설명한 바와 같이 이에 대한 명시적인 합의는 필요하지 않을 수 있으나 등기는 필요하므로,[81] 먼저 법정지상권을 등기한 후 이에 대한 이전등기를 하여야 한다. 이미 등기가 되어 있는 이용권을 거래하는 경우와 동일하게 아직 등기를 마치지 못한 경우에도 토지소유권자는 건물의 철거 및 토지의 인도를 청구할 수 없으며, 나아가 건물소유자는 전(건물)소유자의 권리를 대위행사하여 지상권등기를 한 후 이전등기를 할 수 있다.[82]

**2224**
**관습법상의 법정지상권**

---

78) 자기 토지에 대한 이용권은 존재할 이유가 없다.

79) 이는 앞서 살펴본 기존의 권리를 양도하는 경우와는 달리 지상권 혹은 임차권을 새롭게 성립시키는 것이다. 지상권과 같은 물권은 등기를 하여야 하지만, 임차권은 계약만으로 성립한다.

80) 반대로, 토지만을 거래한 경우에는 건물을 위한 법정지상권의 성립으로 인해 토지의 사용이 제한되기도 한다.

81) 법률에 규정에 의해 취득한 물권은 등기를 요하지 않지만, 등기를 하지 않으면 이를 처분하지 못하며(민법 제187조 단서), 그 처분은 등기를 요한다(민법 제186조).

82) 대법원 1985. 4. 9. 선고 84다카1131, 1132 전원합의체 판결 등. 이 역시 앞에서 설명한 미등기매수인과 거래한 자의 법적지위와 마찬가지이다.

# 법정지상권

법정지상권은 저당권에 대한 민법 제366조에서 규정하고 있는 바와 같이, 원래 같은 소유자에 속했던 토지와 건물이 저당권의 실행으로 인해 다른 소유자에게 속하게 되었을 때 건물의 존속을 보장하기 위해서 법에서 특별히 인정한 지상권이다.[83]

다만 법률에 규정이 한정적이라 그 외 경우에도 강제경매에 의한 경우, 더 나아가 건물이나 토지에 대한 매매의 경우에도 '관습법상의 법정지상권'을 인정하고 있다.[84] 법정지상권은 원래 당사자의 합의에 의해서 배제할 수 없으나,[85] 관습법상의 법정지상권은 당사자가 합의로 미리 배제할 수 있다고 본다.

이러한 법정지상권이 성립하는 경우에는 당사자의 합의에 의해 지상권이 성립된 것과 마찬가지로 다루어지는데, 지상권의 최단존속기간(민법 제280조), 지료의 지급 등이 문제될 수 있다.

위에서도 설명한 바와 같이, 법정지상권은 당사자의 합의가 아닌 법률의 규정에 의한 것이므로, 물권임에도 등기를 필요로 하지 않는데, 성립된 법정지상권 자체의 양도가 문제되는 경우에는 등기를 하여야 한다(민법 제187조).

---

83) 이 외에도 전세권과 관련하여 민법 제305조, '가등기담보 등에 관한 법률(제10조)', '입목에 관한 법률(제6조)' 등에 규정되어 있다. 참고로 법정지상권의 성립은 건물경매의 경우에는 건물의 존속을 위해, 토지경매의 경우에는 토지용도의 제한사유가 되기 때문에 그 성립여부가 매우 중요한데, 경매의 기준이 되는 저당권 등의 설정당시에 토지와 건물이 존재하고 그 소유자가 동일했던 경우에만 성립되므로(이는 저당권자의 이익을 보호하는 것과 밀접한 관련이 있다) 이를 면밀하게 따져볼 필요가 있다. 특히 경매에 참여하고자 하는 경우 소위 '권리분석'을 함에 있어 이는 매우 중요하다.

84) 물권은 법률에 근거가 없이는 인정되지 않는데(민법 제185조), 이 경우에 있어서는 명시적인 규정이 존재하지 않고 대법원이 '관습법'을 근거로 하여 법정지상권의 성립을 인정하고 있다.

85) 즉 법정지상권에 대한 규정은 '강행규정'이다.

건물만 샀는데
토지에 대한 권리가 따라왔다?

# 3-1 부동산거래의 불이행과 책임

## : 부동산매매계약과 채무불이행책임

계약이 성립되어 법적인 권리와 의무가 인정되면 권리는 실현되고 의무는 이행되어야 한다.[1] 그런데 그렇지 않은 경우도 존재할 수 있다. 부동산을 사고 팔기로 계약을 하였는데 합의한 바에 따라 부동산을 넘겨주지 않거나 대금을 지급하지 않는 것이다. 계약이 성립되었음에도 이것이 지켜지지 않은 경우 즉, 계약위반의 경우에 '채무불이행'이 문제가 된다.[2]

**3101**
**채무불이행**

---

### 채무불이행의 유형

원래 채무불이행은 늦거나('이행지체') 더 이상 가능하지 않은 것('이행불능') 두 가지만이 고려되었다. 그러나 실제 계약과 관련된 문제에서 이들 두 가지로 설명될 수 없는 현상이 발생하였다. 예컨대 가축에게 먹일 사료를 팔았는데 사료가 상해있었고, 그 사료를 먹은 가축이 죽었다면 이는 늦게 준 경우도 못 주게 된 경우도 아니다. 이를 채무불이행의 내용으로 보아야 하는지에 대해서도 의문이 존재할 수 있지만, 그 동안의 논의에서는 이행지체도 이행불능도 아닌 경우를 '불완전이행'이라고 하여 채무불이행의 유형을 세 가지로 구분하였다.[3]

채무불이행에 대한 우리 민법 제390조는 위와 같은 유형을 전제로 하고 있지 않기 때문에 위와 같은 유형론에 반드시 집착할 필요는 없다. 하지만 동시에 우리 민법 곳곳에 이행지체와 이행불능을 전제로 한 규정들이 존재하고 있음을 상기할 필요도 있다.[4] 실제로 채무불이행에 있어서의 대부분은 여전히 이행지체와 이행불능에 의해서 해결된다는 측면에서 보았을 때, 이러한 규정태도를 반드시 잘못된 것이라고 볼 필요도 없을 것이다.

**3102**
**채무불이행의**
**유형**

---

1) 앞서 언급한 바와 같이 권리와 의무는 동전의 양면과도 같아서 권리의 실현은 의무의 이행을 통해 달성되는 등 서로 관련되어 있다.

2) 계약상 의무인 채무가 이행되지 않았다는 측면이 강조된 것이다. 계약위반의 경우에만 채무불이행이 문제되는 것은 아니지만, 채무불이행의 대부분은 계약위반을 전제로 논의된다.

3) 최근에는 이행이 가능함에도 이행을 거부하는 소위 '이행거절'을 별도의 유형으로 분류하는 견해가 제기되고 있는 상황이다.

4) 예컨대, 민법 제544조, 제546조.

채무불이행에 대해서는 민법 제387조 이하(민법 제3편 채권/제1장 총칙/제2절 채권의 효력[5])에서 규정하고 있다. 채무불이행이 있게 되면[6] 채권자는 원래 약속한 바에 대한 '강제이행'을 법원에 청구할 수 있고(민법 제389조),[7] 채무자에게 일정한 요건 하에 '채무불이행책임'을 물을 수 있다(민법 제390조).[8] 또한 계약관계 자체를 종료하는 것도 가능하다. 채무불이행의 경우에 계약을 종료시키는 것을 '해제'라 하고 민법 제543조 이하(민법 제3편 채권/제2장 계약/제1절 총칙/제3관 계약의 해지, 해제)에서 규정하고 있는데, 이 경우 그 동안 이행된 바가 있으면 이를 '원상회복'하여야 하는데 그 이자까지 가산하여야 한다(민법 제548조).[9] 해제는 채무불이행을 전제로 하므로 아무 때나 할 수 있는 것은 아니고,[10] 그러한 점에서 '합의해제'[11]나 '약정해제'[12]와 구별된다.

---

5) 우리법은 계약위반시 법이 어떠한 태도를 취하고 있는지를 권리가 가지는 힘이라는 측면에서 접근을 하고 있으므로, 계약상 권리인 채권이 가지는 효력, 즉 '채권의 효력'이라는 제목 하에 규정하고 있다.

6) 앞서 소개한 바와 같이 쌍무계약의 견련성으로 인해 서로가 이행하지 않고 있는 경우에는 채무불이행 자체가 없게 됨을 주의할 필요가 있다(법에서는 이를 통상 채무불이행이 있으나, 위법하지 않다고 설명하기도 한다). 이 경우 이행의 제공을 통해 상대방을 채무불이행 상태에 빠뜨릴 수 있다.

7) 강제이행에는 직접강제, 대체집행, 간접강제가 인정되나, 직접강제가 가능한 경우에는 직접강제만이 가능하다. 언제나 강제이행이 가능한 것도 아니다. 강제이행이 가능하여 이를 청구하는 경우에는 앞서 살펴본 (강제)집행이 법원에 의해서 실시된다.

8) 원래 합의된 바를 법이 강제로 이행시킨다고 하여도 모든 문제가 해결되는 것은 아니기 때문이다. 뒤에서 다루는 바와 같이 이 경우 권리자에게는 여전히 원치 않은 불이익, 즉 손해가 남아있다.

9) 무효와 취소의 경우에 문제되는 '부당이득'과 구별되며, 이에 앞서 '원상회복'의 규정이 적용된다.

10) 특히 민법 제546조에서 이 점이 명확하게 드러나고 있다.

11) 당사자가 해제를 하기로 합의를 하는 것을 말한다. 일종의 계약으로 이를 인정하지 않을 이유가 없다.

12) 당사자가 계약을 할 때 해제사유를 미리 정해두는 것을 말한다. 계약자유의 원칙에 따라 이는 당연히 가능하다.

약속을 지키지 않으면
법을 통해 이를 강제하는 것으로 충분하다?

채무불이행의 경우에 채무자에게 책임을 묻기 위해서는 채무자에게, 책임능력이 있을 것은 물론,[13] 고의 혹은 과실이 있어야 한다(민법 제390조[14]).[15] 이는 우리 민법이 책임의 인정과 관련하여 선언하고 있는 '과실책임주의'가 적용된 결과이다.[16] 다만, 계약이라는 특수한 관계를 고려하여, 책임성립을 위한 기본적인 요건을 제외하고,[17] 고의나 과실은 손해배상을 주장하는 채권자가 입증하는 것이 아니라 채무자가 스스로 고의나 과실이 없었음을 입증하여야 한다.[18] 대리인 등 이행보조자를 사용한 경우에는 이행보조자의 과실이 채무자의 과실이 된다(민법 제391조). 이 경우 인정되는 책임은 손해배상책임인데 결국 채권자는 채무자가 채무불이행함으로써 발생한 손해를 채무자로 하여금 배상하게 할 수 있는 것이다.

---

13) 대개의 경우 책임능력없는 자는 의사능력이 없으므로 원칙적으로 계약을 성립시킬 일도 없고 이에 따라 채무불이행책임을 지는 일도 없을 것이다.

14) 채무불이행에 대한 민법 제390조가 고의 혹은 과실을 전제로 손해배상책임을 규정함에 따라 이러한 경우만을 채무불이행으로 파악할 수도 있는데, 이러한 입장에 따르면 고의 혹은 과실이 있어서 책임이 인정되는 경우를 '협의의 채무불이행', 약속된 바가 이행되지 않는 경우를 '광의의 채무불이행' 혹은 '급부장애'라고 하여 구별하기도 한다.

15) 알면서 행하는 '고의'와 부주의하여 행하는 '과실'이 책임귀속의 근거가 됨으로써 '귀책사유'라고도 한다.

16) 과실책임주의 또한 계약자유의 원칙과 함께 민법의 중요한 원칙 중 하나이다. 이는 비단 채무불이행책임만이 아니라 민법의 다른 책임의 인정에서도 기본원칙으로 작용한다.

17) 이는 당연히 책임성립을 주장하는 사람이 증명하여야 한다.

18) 이는 뒤에서 보게 되는 불법행위와 가장 큰 차이점이다.

## 손해, 손해배상

손해는 타인의 잘못된 행위(위법행위)로 인해 비자발적으로 발생한 손실을 말하며, 자발적으로 지출하는 비용과 구별된다. 손해가 타인의 위법행위에 의한 것인 때에는 일정한 요건 하에 손해를 행위자에게 귀속시킬 수 있는 것이다.[19]

손해는 위법행위로 인한 현실의 상태와 위법행위가 없었더라면 존재하였을 가상의 상태를 비교함으로써 파악된다. 채무불이행의 경우의 손해를 채무가 이행되었을 상태를 기준으로 하여 특히 '이행이익'이라고 칭한다.[20]

손해는 기존의 재산이 감소된 '적극적 손해'와 얻을 수 있었던 이익을 얻지 못한 '소극적 손해(일실이익)' 그리고 정신적 손해(위자료)로 나누어서 파악하는 것이 현재의 일반적인 태도이다.

실제 손해배상을 받기 위해서는 손해를 입은 자가 이를 입증하여야 하는데, 손해에 따라 그 입증이 쉽지가 않고, 정신적 손해와 같은 경우는 금전적인 산정 자체가 곤란한 경우도 있을 수 있다.

손해배상의 방법은 달리 정한 바가 없으면 돈으로 물어주는 것이다(민법 제394조). 손해배상이 인정되기 위해서는 손해가 얼마만큼 발생하였는지를 입증하여야 한다. 입증된 모든 손해를 다 배상하는 것이 아니라, 통상적인 손해를 그

---

19) 반대로 그렇지 못할 경우에는 자신에게 발생한 손해는 스스로 감수하는 수밖에는 없을 것이다.

20) 이행이익과 구별되는 개념으로서 '신뢰이익'도 존재한다. 민법 제535조에서 그 흔적을 찾을 수 있는데, 이 조항에서는 신뢰이익의 개념과 동시에 이행이익과의 관계를 명시하고 있다. 이에 따르면 이 경우 손해배상의 내용으로 인정되는 신뢰이익은 이행이익보다 반드시 작게 되는데, 우리의 경우에는 민법 제535조의 경우 이외에도 신뢰이익의 개념을 사용하고 있다. 특히 대법원이 계약의 해제시 손해배상에 있어 이 개념을 사용한 적이 있는데(대법원 1999. 7. 27. 선고 99다13621 판결 등), 이 경우 손해배상은 채무불이행을 근거로 하기 때문에 이행이익의 배상이 되어야 함에도 신뢰이익의 배상을 인정하였음을 주의할 필요가 있다. 민법 제535조에서 신뢰이익을 인정하는 것에 대해서는 잠시 후 다시 다룬다.

한도로 하고 특별한 사정으로 인한 손해는 채무자가 그 사정을 알았거나 알 수 있었을 경우에만 예외적으로 배상되도록 규정하고 있다(민법 제393조: 손해배상의 범위).[21] 손해배상의 범위가 결정되고 난 다음에도 채무불이행에 대한 채권자의 과실이 있는 경우에는 이를 참작하도록 되어 있고(민법 제396조: 과실상계),[22] 채무불이행으로 인해 채권자에게 이득이 있는 경우에도 손해배상액은 조정될 수 있다(손익상계).

당사자가 계약을 할 때 채무불이행시의 손해배상액을 미리 자유롭게 정할 수 있다(민법 제398조 제1항).[23] 현실적 손해액이 있음을 입증할 필요도 없고[24] 더 많은 손해가 발생하였다 하더라도 예정된 금액 이상을 청구할 수 없다고 할 것이다. 다만 그 예정된 금액이 부당히 과다한 경우에는 법원이 적당히 감액할 수 있다(민법 제398조 제2항). 통상 위약금이라고 하면 손해배상액을 예정해 둔 것으로 보고 우리법도 그렇게 규정하고 있는데(민법 제398조 제4항), 당사자가 손해배상과는 별도로 채무불이행시에 받을 금액을 정하는 것도 아예 불가능한 것은 아니다. 이를 '위약벌'이라고 하는데, 당사자의 합의로 만들어진 사적 형벌이라고 이해하면 될 것이다. 이는 일반적인 경우가 아니므로 당사자의 명시적인 표현이 계약에서 확인되어야 할 것이며, 불명확한 경우에는 위약금, 즉 손해배상액의 예정으로 본다는 것이 대법원의 입장이기도 하다.[25] 위약벌은 손해배상액의 예정이 아니므로 민법 제398조 제2항에 따라 법원이 이를 감액하거나 할 수 없지만, 과도한 경우 민법 제103조의 선량한 풍속 기타 사회질서에 반한다고 볼 수도 있을 것이다.

---

21) 전세계적으로도 완전배상이 아닌 제한배상이 일반적이다. 이에 따라 손해배상의 취지 자체를 '손해의 공평한 사회적 분담'이라고 표현하기도 한다.

22) 과실상계도 언제나 인정될 수 있는 것이 아니라 피해자의 부주의를 이용하여 고의로 손해를 입힌 경우에는 과실상계를 주장하는 것은 신의성실에 반한다는 것이 대법원의 입장(대법원 2007. 6. 14. 선고 2005다32999 판결)이다.

23) 이는 계약의 이행에 대한 압박도 될 수도 있으므로, 계약을 체결할 때 미리 정해두는 경우가 많다. 계약금이 교부된 경우에 이를 바탕으로 손해배상의 예정이 이루어진 것으로 볼 수 있는 경우가 있음은 앞에서 언급한 바와 같다.

24) 실제 손해액을 입증하기가 만만치 않은 경우가 적지 않다는 점을 고려하면 그 이점은 매우 크다고 할 것이다.

25) 대법원 2000. 12. 8. 선고 2000다35771 판결.

손해배상을 얼마를 하여야 할지를
미리 정해둘 수 있다?

**3106**
**부동산거래와**
**채무불이행**

앞에서 소개한 대로 부동산거래에서의 의무는 부동산의 소유권을 이전해 주어야 할 의무와 이에 대응하여 대금을 지급할 의무로 대별될 수 있다. 이 두 의무는 각각 특정물채권(채무)과 금전채권(채무)으로 분류될 수 있고, 특히 특정물채권의 경우는 그 이행 자체가 불가능해질 수 있다는 점에서, 금전채권과 구별됨도 앞에서 언급한 바와 같다. 이에 따라 채무불이행의 모습도 다르게 나타난다.

**3107**
**대금지급과**
**금전채무불이행**

매매대금의 지급과 관련하여서는 오직 늦는 것만이 문제된다. 즉, 이행의 불가능이 문제되지 않는 금전채권에 있어서는 금전의 특수성으로 인하여 오로지 '이행지체'만이 가능하다. 이행지체에 있어 가장 중요한 것은 기준인데, 이에 대해서는 민법 제387조에서 규정하고 있다. 여전히 이행이 가능하므로 이를 강제하는 것이 의미를 가지고, 늦은 데 대한 책임도 민법 제397조에서 특칙('금전채무불이행에 대한 특칙')을 규정해 두어 간명하게 해결하고 있다. 즉, 금전채무불이행에 있어서는 손해배상액은 약정이율이 있으면 그에 의하고 약정이율이 없을 경우에는 법정이율에 따른다(민법 제397조 제1항). 현실적인 손해가 없어도 손해배상이 가능하고 현실적인 손해가 더 많아도 위에 따른 금액만을 청구할 수 있을 뿐이다. 그리고 고의나 과실도 불필요한 것으로 보고 있다(민법 제397조 제2항). 이에 따라 금전채무불이행의 경우 채권자는 원금과 약정된 이자, 그리고 통상적으로 약정된 이율에 따른 손해배상액(지연이자)을 청구할 수 있게 된다. 물론 손해배상액이 미리 예정되어 있는 경우 민법 제397조는 적용되지 않는다. 계약을 해제하고 원상회복을 하는 것도 원칙적으로는 가능하고, 해제를 하더라도 손해배상은 여전히 가능하다(민법 제551조).

부동산소유권 이전과 같은 특정물채권에 있어서도 '이행지체'가 가능하다. 이 행지체의 경우에는 강제이행(민법 제389조)과 채무자에게 고의 혹은 과실이 있는 경우에는 지연에 대한 손해배상('지연배상')이 원칙적으로 가능하고, 그 외에도 이 행을 대신해 '전보배상'을 청구하는 것도 가능하다(민법 제395조).[26] 매도인이 계속된 청구에도 부동산의 소유권을 넘겨주지 않는 경우에는 매수인은 계약을 해제하고(민법 제544조) 손해배상만을 청구하는 것도 가능하다(민법 제551조).

**3108**
**부동산소유권**
**이전과**
**이행지체**

부동산소유권의 이전은 부동산의 멸실 등을 이유로 이행이 불가능해질 수 있다. 즉, 이와 같은 특정물채권의 경우에는 '이행불능'이 가능하다.[27] 일단 이행불능이 되면 강제이행은 문제가 되지 않고, 계약의 해제(민법 제546조)와 손해배상만이 가능할 뿐이다. 이 경우의 손해배상은 전보배상이 될 수밖에 없다.[28] 그 외에도 이행불능의 경우 대법원이 불능된 급부 대신 얻은 이익을 넘겨줄 것을 청구하는 '대상청구권'도 인정하고 있다.[29]

**3109**
**부동산소유권**
**이전과**
**이행불능**

---

26) 전보배상에는 지연배상까지 포함하는 것으로 보기 때문에 별도의 지연배상을 추가적으로 청구할 수 없다.

27) 이것이 금전채권(민법 제376조), 종류물채권(민법 제375)과 다른 특정물채권만의 특징이다. 종류물채권은 추후 특정이 되기는 하나, 특정 후에도 채무자의 변경권이 인정됨은 앞에서 언급한 바와 같다.

28) 부동산의 소유권을 이전하는 것이 불가능하게 된 경우에 그를 대신하여 손해배상책임이 인정된다면, 이는 기존의 의무가 손해배상책임으로 대체되는 것이므로, 매수인은 원래 약속했던 대금을 지급하여야 한다(이는 이행지체시 전보배상을 선택한 경우에도 마찬가지이다). 그러나 만약 불가능에 대한 책임이 성립하지 않는다면, 매수인도 대금을 지급하지 않아도 된다. 이는 앞서 언급한 대로 쌍무계약에서의 의무는 서로 관련되어 있기 때문이다. 이를 매도인의 채무를 중심에 두고 보게 되면 매도인은 채무를 불이행한 것에 대한 책임을 지지 않아도 되지만, 동시에 상대방에게 그 대가를 청구할 수 없다는 식이 된다(민법 제537조). 앞서 언급한 대로 불이행을 채권자의 탓으로 돌릴 수 있는 경우에는 대가를 청구할 수 있다(민법 제538조).

29) 대법원 2002. 2. 8. 선고 99다23901 판결. 이 판결에서처럼 주로 부동산이 수용되어 보상금이 나온 경우에 그 보상금을 넘겨줄 것을 청구하는 것을 그 내용으로 한다.

3110
불능

> # 불능
>
> 여기서 불능이란 단순히 절대적·물리적으로 불능인 경우가 아니라 경험법칙 또는 거래상의 관념에 비추어 채권자가 채무자의 이행의 실현을 기대할 수 없는 경우를 말하는데,[30] 매도인이 소유권을 매수인이 아닌 제3자(혹은 제2매수인)에게 넘겨준 경우에는 매수인에 대한 채무는 불능이라고 한다.[31] 이러한 입장은 더 이상 매도인이 매수인과의 약속에 따른 의무의 이행 자체가 가능하지 않게 되었다는 점에서 타당하다.[32]
>
> 그런데 불능은 그 시점에 따라 계약의 성립 당시에 이미 불가능하였던 '원시적 불능'과 계약의 성립 당시에는 가능하였으나 추후 불가능해진 '후발적 불능'으로 나눌 수 있다. 채무불이행책임은 채무자의 고의 혹은 과실에 의한 경우에만 그 책임이 인정될 수 있으므로 후발적 불능만이 문제될 수 있다.[33]

---

30) 대법원 2003. 1. 24. 선고 2000다22850 판결.

31) 대법원 1983. 3. 22. 선고 80다1416 판결. "부동산매매에 있어서 매도인이 목적물을 타인에게 이미 매도하여 그 타인에게 소유권이전등기를 하여줄 의무가 있음에도 불구하고 제3자에게 다시 양도하여 소유권이전등기를 경유한 때에는 특별한 사정이 없는 한 매도인이 그 타인에게 부담하고 있는 소유권이전등기의무는 이행불능의 상태에 있다고 봄이 상당하다."

32) 물론 매수인이 소유권을 돌려주는 것도 생각해 볼 수 있지만 이는 어디까지나 매수인의 자의에 달려있는 것으로 불능 여부에 영향을 주지 않는다고 보아야 한다.

33) 원시적 불능의 경우에는 계약위반이 있다고 하기 어려울 것이다. 다만 원시적 불능은 뒤에서 보는 바와 같이 다른 책임문제를 발생시킬 수 있다.

애초에 불가능한 계약에 대해서는
계약위반에 대한 책임을 지지 않는다?

채무의 이행이 채권자의 사정으로 제대로 되지 않는 경우도 있다. 금전채무의 이행보다 특정물채무의 경우에 보다 많이 문제될 수 있다.[34] 앞서 소개한 대로 이를 채권자지체라고 한다. 매도인이 소유권이전에 필요한 모든 행위를 다 한 경우, 채무불이행책임을 면하게 됨은 물론(민법 제461조),[35] 매도인은 이후에도 고의 혹은 중과실이 없는 한 불이행으로 인한 아무런 책임을 부담하지 않게 되고(민법 제401조). 이자를 낼 필요도 없으며(민법 제402조), 비용발생시 이를 매수인의 부담으로 할 수 있게 될 뿐만 아니라, 특히 매도인의 소유권이전의무와 관련하여서는[36] 채권자지체시의 양당사자의 책임없는 불능에 대하여는 대가, 즉 매매대금도 청구할 수 있게 됨(민법 제538조)[37]은 이미 앞에서 설명한 바와 같다. 더 나아가 채권자지체가 계약상의무의 위반으로 볼 수 있는 경우에는 이미 소개한 채무불이행에 대한 내용, 즉 계약위반에 대한 강제이행 및 손해배상책임을 부담시키는 것도 가능할 수 있다.[38]

---

34) 이는 금전채무의 이행시 통상적으로 채권자의 협력을 필요로 하지 않기 때문이다.

35) 매수인이 수령을 거부하고 있을 경우, 매매대금을 지급하여야 할 의무도 이행하지 않을 텐데, 이는 앞서 설명한 이행지체의 문제가 된다. 더 이상 앞에서 언급한 동시이행의 항변으로 인한 책임저지효과는 발생하지 않기 때문이다.

36) 금전채무는 불가능해 질 수가 없기 때문에, 채무자가 자신의 채무이행이 불가능함에도 소유권이전을 청구할 수 있는지는 문제되지 않는다.

37) 불이행에 대한 책임을 채권자에게 귀속시킬 수 있는 경우 단순히 책임을 면하게 하는 것에서 그치지 않고 원래 약속된 것을 받을 수 있도록 하는 것이다. 이로써, 앞서 불이행을 채권자의 탓으로 돌릴 수 있는 경우와 균형이 맞게 된다. 다만 민법 제401조에서 고의나 중과실이 없는 한 아무런 책임이 없다고 하였기 때문에 채권자지체 중 채무자에게 중과실이 아닌 단순한 과실이 있는 경우를 어떻게 처리할지에 대해서 상반된 논의가 제기되고 있다.

38) 원칙적으로 채무불이행은 채무자만이 가능하지만, 계약의 내용에 따라 채권자의 의무를 채무자의 그것과 마찬가지로 볼 수 있는 경우에 채무불이행이 문제될 수 있는지에 대해서 다양한 논의가 존재한다. 채권자지체가 채권의 효력이라는 제목 하에 채무불이행에 이어서 규정되어 있다는 것은 이 두 가지가 서로 무관하다는 뜻은 아닐지도 모른다.

# 담보책임

매매계약의 경우에는 매도인에게 담보책임이라는 특수한 형태의 책임을 부과하고 있다. 이에 대한 규정은 민법 제569조 이하(민법 제3편 채권/ 제2장 계약/ 제3절 매매/제2관 매매의 효력)에서 규정하고 있는데, 매매에 대한 규정은 모든 유상계약에 준용되므로(민법 제567조), 대가성을 전제로 한 다른 계약들에서도 마찬가지의 책임이 인정된다.

담보책임은 계약의 이행이 제대로 이루어지지 않았을 때 인정되는 책임이므로, 계약위반시에 성립되는 채무불이행책임과의 관련성이 문제될 수밖에 없다.

담보책임은 유상계약의 등가성 유지를 위해 특별히 인정된 책임으로 기본적으로 계약의 이행이 제대로 이루어지지 않은 것을 '하자'로 파악하여 이를 바탕으로 책임을 인정하는 것인데, 종래에는 원시적 하자에만 국한하여 채무불이행책임과 구별하기도 하였으나, 현재는 하자가 원시적인지 여부를 가리지 않는 것으로 보는 것이 일반적이다. 따라서 하자가 계약 성립 이후에 발생한 것이라면 채무불이행책임과 동시에 문제될 수도 있다.[39] 다만 고의나 과실을 요구하지 않기 때문에,[40] 이를 필요로 하는 채무불이행책임보다 매수인 입장에서는 더 용이하게 활용될 수 있지만, 그 책임의 범위는 그만큼 축소될 수밖에 없다고 할 것이다. 마찬가지의 이유로 권리행사기간도 제한되어 있다(예컨대, 민법 제582조).

법규정을 보면 다양한 경우로 나누어 제각각 대금감액청구권, 해제권, 손해배상청구권, 완전물급부청구권 중 선별적으로 그 효과가 인정되고 있는데, 특히 손해배상청구권의 경우는 담보책임의 원래 취지에서는 인정될 수 없는 것이어서 그 내용을 대금감액청구권과 마찬가지로 파악하거나, 채무불이행책임에서의 손해배상보다 축소된 형태로 파악하기도 한다.

---

39) 이미 언급한 대로 하자가 계약성립 당시에 이미 존재하는 경우라면 채무불이행책임은 문제되기 어려울 것이다.

40) 담보책임은 과실이 불필요하다는 무과실책임을 넘어, 결과책임 내지는 결과에 대한 보증책임이라는 점에서 채무불이행책임과 구별될 수 있다.

# 3-2　부동산거래의 불이행과 책임 2

## : 부동산매매계약과 불법행위책임

거래에 있어 합의된 바를 제대로 이행하지 못하는 경우에 채무불이행책임이 성립하는 것 이외에도 다른 책임이 문제될 수 있다. 계약과 무관하게 법적으로 용납할 수 없는 행위, 즉 위법행위[1]를 함으로써 타인에게 피해를 입힌 경우에는 손해배상책임을 진다. 이를 '불법행위'라고 한다.[2] 불법행위책임은 보다 일반적인 형태에서 법을 위반한 행위에 대한 책임을 인정함으로써 법질서를 유지하는 역할을 한다.[3] 이에 대해서는 많은 개별법에서 규정을 가지고 있지만, 민법 제750조 이하(민법 제3편 채권/제5장 불법행위)에서 보다 일반적으로 이를 규정하고 있다.

3201
불법행위

---

### 불법행위의 유형

불법행위는 거래의 존재와 무관하게 일반적인 사회생활 속에서도 얼마든지 발생할 수 있기 때문에 그 형태와 내용은 실로 다양하다. 민법 제750조에서는 어느 한 영역에 한정되지 않은 일반적인 규정을 두고 있기 때문에 대부분의 경우를 포섭하겠지만, 각 영역마다 그 특성을 고려하여 별도로 규정을 두는 경우가 갈수록 많아지고 있다. 이에 따라 그 요건이나 효과도 조금씩 달라지게 된다. 당연하게도, 특별규정이 있는 경우에는 먼저 이에 따라 책임이 인정되고, 규정이 없는 경우에도 민법 제750조에 의해서 책임이 인정될 수 있을 것이다.

민법 제750조에 대한 특별규정은 민법상에도 존재한다. 민법 제755조의 감독자책임, 제756조의 사용자책임, 제757조의 도급인책임, 제758조의 공작물점유

3202
불법행위의
유형

---

1) 앞서서도 여러 차례 언급된 바 있는 위법행위는 쉽게 말하면 법을 위반하는 것인데, 개별법이 아니라 전체 법질서에서 용납될 수 있는지를 기준으로 한다. 위법하다는 판단은 개별법에 의한 책임이 인정된다는 것과 다른 것임을 주의하여야 한다. 개별법을 위반한 행위는 대개 전체 법질서에서 용납될 수 없으며, 예컨대 형법 등에 의해 범죄로 인정되는 행위는 위법행위의 대표적인 예가 된다.
2) 채무불이행은 그 자체만으로는 불법행위에서의 위법행위로 보지는 않기 때문에 불법행위가 되지는 않는다. 그러나 동시에 위법행위가 되는 경우에는 불법행위책임을 성립시킬 수도 있다.
3) 이를 규제적 역할이라고도 할 수 있을 것이다. 이러한 측면에서 불법행위는 범죄와 형벌을 규정하고 있는 형법과 유사한 측면이 있지만, 불법행위는 이러한 행위로 인한 배상문제를 주로 다룬다.

자소유자책임, 제759조 동물점유자책임 등이 그 예이다. 이러한 규정이 없다고 하더라도 민법 제750조에 의해서 책임이 인정될 수 있겠지만, 그 특성이 반영되어 있으므로 보다 합당한 결론을 용이하게 이끌어낼 수 있다.

위의 규정 이외에도 보다 특별한 영역으로는 자동차사고, 의료사고, 제조물하자로 인한 사고 등을 들 수 있다. 이 중 자동차사고에 대해서는 별도의 '자동차손해배상 보장법'이, 제조물하자로 인한 사고에 대해서는 '제조물책임법'이 존재한다. 개별 영역마다의 특징이 있으므로 영역별로 별도로 논의하는 것이 일반적이다.

실정법을 위반한 경우에만
불법행위가 문제되는 것은 아니다?

채무불이행책임의 경우와 마찬가지로 불법행위책임이 인정되기 위해서는 '책임능력'이 필요하다(민법 제753조).4) 불법행위책임도 채무불이행책임과 마찬가지로 '과실책임주의'에 따라 고의, 과실을 필요로 한다(민법 제750조).5) 다른 요건은 물론, 고의나 과실도 손해배상을 주장하는 피해자가 입증하여야 한다.6) 이 경우 책임도 손해배상책임으로 금전으로 배상하는 것을 원칙으로 하며 채무불이행과 마찬가지로 손해배상의 범위를 정하고 채권자측의 사정을 고려하여 손해배상액을 정하도록 하고 있다(민법 제763조, 제393조, 394조, 제396조).7)

---

4) 책임능력이 없는 경우는 책임이 성립하지 않지만, 그 감독자에게 책임을 지우는 특별규정이 민법상 존재한다(민법 제755조). 참고로 책임능력이 있는 자의 감독자에 대해서는 민법 제750조에 의해서 책임이 인정될 수 있다.

5) 특별규정이나 개별법에서는 그 필요에 따라 과실없이도 책임을 인정하기도 한다(무과실책임). 민법 제750조 이외에 특별규정 혹은 특별법이 존재하는 것은 위법행위를 구체화하기 위한 것이기도 하지만, 이렇듯 요건과 효과에 있어 다른 내용을 인정함으로써 피해자 구제에 보다 용이하도록 한다.

6) 앞에서 소개한 채무불이행과의 가장 큰 차이점이다. 다만 불법행위의 경우에도 여러 특별규정에서 입증책임을 전환시키고 있기도 하다.

7) 타인의 명예를 훼손하여 불법행위책임이 인정될 경우에는 손해배상에 갈음하거나 손해배상과 함께 명예회복에 적당한 처분이 명하여 질 수도 있다(민법 제764조).

3204
채무불이행책임과
불법행위책임

## 채무불이행책임과 불법행위책임

책임을 묻는 것8)과 관련하여 계약 등으로 인한 채권채무관계를 전제로 한 채무불이행책임과 그렇지 않은 일반적인 경우에 대한 불법행위책임으로 양분할 수 있다(양대책임체계).9) 그런데, 이 두 가지 책임체계는 고의 혹은 과실을 필요로 하며, 잘못된 행위(위법행위)에 관련된 손해를 배상하게 한다는 점에서 매우 유사한 구조를 가지고 있다. 또한 손해배상에 대해서도 채무불이행과 관련하여 규정하고 불법행위에서는 위 규정들을 준용하고 있다.

그러나 차이점도 있다. 가장 의미있는 차이점은 이미 소개한 바와 같은 고의 혹은 과실에 대한 증명책임에 대한 것이다. 어느 경우나 손해배상의 기본이 되는 사실, 예컨대 관련된 손해의 발생 등은 손해배상을 청구하는 자가 증명하여야 하는 것이지만, 채무불이행책임에 있어서는 손해배상책임을 지게 되는 쪽(채무자)에서 자신의 고의 혹은 과실이 없음을 증명하여야 하고, 불법행위책임에 있어서는 손해배상을 받고자 하는 쪽(피해자)에서 가해자에게 고의 혹은 과실이 있음을 적극적으로 증명하여야 한다. 이로 인해 불법행위책임보다 채무불이행책임을 묻는 것이 더 유리하다고 보는 것이 일반적이다. 그 외에도 손해배상책임을 주장할 수 있는 기간에서도 차이가 있고,10) 법규정상으로는 피용자나 보조자를 사용한 경우에 책임을 부담하는지에 대해서도 차이가 있다.11)

---

8) 책임이라는 용어는 우리법에서는 매우 다양하게 사용되는데, 이 경우는 자신에게 발생한 손해에 대해 손해를 유발한 자에게 배상하도록 하는 것을 뜻한다.

9) 참고로, 그 외 소위 '제3자의 책임영역'이라는 것도 문제되기도 한다. 이는 채무불이행과 불법행위 모두에서 포괄적 규정을 두지 못했던 독일에서 그 규율의 공백을 메우기 위해 만들어진 이론으로, 채무불이행과 불법행위 모두에서 충분히 포괄적인 규정을 둔 우리법에서는 큰 의미를 가지기 어렵다. 우리의 경우에도 '계약체결상의 과실'에 대한 민법 제535조가 그 잔재로 남아 있지만, 이 규정을 일반화하여 계약체결상의 과실에 대한 새로운 책임영역을 구성할 이유는 없을 것이다. 따라서 민법 제535조의 경우는 법률에 명시적인 규정이 존재하므로 이에 따를 수밖에 없다는 것과는 별개로, 일반적으로는 우리법에 있어서 채무불이행책임과 불법행위책임만이 존재한다고 보아도 무방할 것이다. 우리 대법원 역시 계약체결과 관련된 경우에 불법행위로 규율하고 있는 것으로 보인다. 대표적으로 교섭과 흥정이 계약의 성립에 이르지 못한 경우를 '계약교섭의 부당파기'라고 하여 불법행위책임을 성립시키기도 한다(대법원 2003. 4. 11. 선고 2001다 53059 판결 등).

10) 불법행위에 있어서는 민법 제766조에서 규정하고 있다.

11) 채무불이행에 있어서는 민법 제391조, 불법행위에 있어서는 민법 제756조가 규정하고

손해의 내용에 있어서도 차이가 있다. 어느 경우건 위법행위가 없었을 가상적인 상태와의 비교를 통해 손해를 산정하지만, 불법행위에 있어서의 손해의 내용은 채무불이행에 있어서의 '이행이익'은 아니다.12) 그리고 불법행위의 경우에는 채무불이행의 경우와는 달리 적극적 손해, 소극적 손해, 정신적 손해 중 정신적 손해가 원칙적인 손해의 모습으로 파악됨도 차이점이라고 할 것이다.13)

동일한 사실관계에서 채무불이행책임과 불법행위책임이 동시에 문제되는 것은 종종 있는 일이다.14) 이 경우 어느 하나를 선택하여 주장할 수 있는 것이 아니라, 둘 다 주장하되 어느 하나에 의해 손해를 배상받으면 나머지 청구권은 소멸되는 식으로 운영되고 있다(청구권경합).15)

---

있는데, 법문상의 차이에도 불구하고 민법 제756조에 있어서의 면책은 인정되지 않는 것으로 운용되고 있다.

12) 다만 계약의 내용이나 불법행위의 양상이 복잡해짐에 따라 실제 손해의 모습이 서로 근접하고 있는 것이 현실이다.

13) 정신적 손해에 대해서는 불법행위에 명시적인 규정(민법 제751조, 제752조)이 존재함을 이유로 채무불이행에 있어서는 정신적 손해의 배상을 인정하지 않고자 하는 입장도 있지만, 채무불이행의 경우에도 정신적 손해의 배상을 일괄적으로 부정하지는 않고 단지 정신적 손해의 발생을 예외적으로 보아 특별손해로 그 배상여부를 조절하는 것이 일반적인 태도이다.

14) 앞서 언급한 대로, 채무불이행 자체가 불법행위가 되지는 않지만, 동시에 불법행위의 위법행위가 되기도 한다.

15) 이에 반해 하나의 청구권(규범)이 나머지를 배제할 때를 '법조경합'이라고 한다. 이는 흔히 일반규정과 특별규정의 관계에서 발견된다.

어느 제도에 의해 책임을 묻건
어차피 손해배상은 동일하다?

부동산거래에 있어서 거래당사자에 의한 불법행위가 성립하는 대표적인 경우로는[16] 허위·과장되게 계약의 내용을 부풀린 경우, 더 나아가 존재하지 않는 부동산 혹은 남의 소유인 부동산을 거래의 대상으로 삼는 경우 등을 들 수 있다. 이는 결국 지키지 못할 약속을 하는 것으로 '사기'로 평가될 수 있다.[17] 사기는 앞서 소개한 바와 같이 성립된 계약의 효력을 부정하는 근거가 되기도 하지만, 불법행위를 통하여 이로 인해 발생한 손해를 배상토록 할 수도 있다.[18] 다만 손해의 내용은 채무불이행의 경우와는 다르다. 위법행위로 인한 현실의 상태와 위법행위가 없었더라면 존재하였을 가상의 상태의 차이가 바로 손해임을 고려할 때 문제되는 위법행위가 아예 다르기 때문이다. 이 경우에는 사기 혹은 부당한 신뢰를 야기하는 것이 위법행위이며 그 행위로 인해 채권자가 지출한 비용 등이 손해의 내용이 된다.[19]

---

16) 앞에서 언급한 대로 채무불이행이 곧 불법행위가 되지는 않는데, 예컨대 부동산소유권 이전의무를 이행하지 않는 것이 곧 불법행위가 되기는 어려울 것이다. 물론 의무위반이 동시에 불법행위를 성립시킨다면 앞서 언급한 청구권경합이 문제된다.

17) 교섭과 흥정의 과정에서도 이러한 모습이 나타나기도 한다. 앞에서 언급한 대로 계약이 성립하지 않은 경우에는 교섭과 흥정은 통상 아무 의미가 없지만, 그 과정에서 이루어진 행위들이 독자적으로 불법행위를 구성하기도 한다.

18) 의사표시의 효력을 부정하는 사기는 고의에 한정되지만, 불법행위의 책임을 발생시키기 위해서 반드시 고의에 한정될 필요가 없다. 즉 과실로 타인에게 잘못된 정보를 전달하여 손해를 발생시킨 경우로도 충분하다.

19) 특히 계약당시에 이미 이행이 불가능한 경우, 즉 원시적 불능의 경우에 민법 제535조에서 규정을 하고 있는데(앞에서 소개한 대로, 이 규정에 따르면 그러한 계약은 무효가 되나, 민법 제569조에서는 타인에게 속한 권리도 거래의 대상이 될 수 있다고 하여 계약이 유효하다고 한다), 그 불능을 알았거나 알 수 있었을 자는 상대방이 그 계약의 유효를 믿었음으로 인하여 받은 손해(신뢰이익)를 배상하도록 하고 있다. 이러한 규정의 내용은 규정이 존재함으로 인하여 그 자체로서도 의미가 있음은 당연하나, 이 경우 불법행위에 의해서도 마찬가지의 태도에 이를 수 있다. 즉 목적이 불능함을 알았거나 알 수 있었을 자가 계약을 체결한 경우에는 상대방에게 위의 사실을 알려주지 않았거나 잘못 알려주었다는 점에서 불법행위가 성립될 수 있고 이 경우 손해의 내용도 그러한 행위가 없었으면 발생하지 않았을 비용 등이 되는데, 이는 민법 제535조에서 규율하고자 하는 바 그대로이다(그리고 이를 통해 민법 제535조의 내용상의 타당성을 확인할 수도 있다). 그리고 원시적 불능의 경우에는 계약위반이 문제될 수 없으므로 이를 이유로 한 채무불이행책임이 원칙적으로 문제될 수 없음은 앞에서 언급한 바와 같다(그러나, 대법원은 계약위반이 아님에도 채무불이행책임을 인정한 적이 있다. 대법원 2011. 8. 25. 선고 2011다43778 판결 참조).

거래당사자에 의해서만 인정될 수 있는 채무불이행과는 달리, 거래당사자가 아닌 제3자의 행위에 의해 불법행위가 성립될 수도 있다. 앞서 살펴본 사기와 관련하여서는, 제3자가 고의 혹은 과실로 잘못된 정보를 제공한 경우에 그 자에 대한 불법행위책임이 성립되는 것은 물론 일정한 경우에는 계약 자체의 효력을 부정할 수도 있다.[20] 또한 제3자의 행위로 계약이 제대로 이행되지 못한 경우에도 제3자의 불법행위책임이 문제될 수 있다(제3자의 채권침해).[21] 예전에는 채권은 채무자에 의해서만 침해될 수 있어 채권의 침해는 불법행위를 구성하지 않는다고 본 적도 있지만,[22] 채권 역시 보호가치 있는 재산권이므로 달리 보지 않는 것이 현재의 일반적인 태도이다. 다만 채권의 특성상 그 침해의 위법성이 부정될 수 있고 고의·과실이 인정되지 않을 수도 있다.[23]

3206
**제3자에 의한**
**불법행위**

---

20) 특히 민법 제110조 제2항에서 이를 규정하고 있다.

21) 앞서 살펴본 부동산 이중매매의 경우에서 제2매수인의 제1매수인에 대한 불법행위가 인정될 수 있는지가 문제된다. 이 경우 채무자의 채무불이행책임이 동시에 성립할 수도 있다.

22) 소유권과 같은 물권의 경우에는 그 침해가 있을시에는 물권적 청구권은 물론 불법행위도 쉽게 인정될 수 있다.

23) 채권의 침해시에도 물권과 마찬가지로 방해배제청구권도 행사될 수 있는지에 대해서는 다양한 논의가 존재한다.

## 공동불법행위, 부진정연대책임

한 사람에게 발생한 피해가 여러 사람의 공동불법행위에 의하여 성립되는 경우가 있을 수 있다.24) 이 경우 피해자가 여러 사람에게 여러 번에 걸쳐 손해의 전액을 배상하라고 할 수는 없고, 그렇다고 피해자에게 여러 사람들에게 조금씩만 배상받도록 하는 것도 타당하지 못할 것이다. 이에 대해 우리법은 불법행위자들이 연대하여 그 손해를 배상하도록 하고 있다(민법 제760조). 연대하여 책임을 질 경우 연대채무에 대한 규정(민법 제3편 채권/제1장 총칙/제3절 수인의 채권자 및 채무자/제3관 연대채무)이 적용되어 피해자는 불법행위자 1인에 대하여 전부를 청구할 수 있고, 불법행위자 1인은 그 청구에 응하여야 한다(민법 제413조, 제414조). 다만 일반적인 연대채무에서는 그 공동관계로 인해 1인에게 발생한 사유가 다른 채무자들에게 영향을 미치는데(민법 제415조~제422조), 공동불법행위에는 적용이 없다. 이를 '부진정연대'라 하는데, 피해자구제에 매우 유리하다.25)

공동불법행위자 중 1인이 피해자에게 전액 배상한 경우에 나머지 공동불법행위자들에게 일정한 비율로 부담을 요구할 수 있다. 즉 이 경우에도 구상관계가 성립한다. 내부적 부담비율이 어떻게 되는지는 공동불법행위자들 사이의 문제로 남게 된다. 원칙적으로 연대채무의 구상관계(민법 제425조~제427조)가 인정되지만, 구상을 위한 통지 등이 적용되지는 않는다.

공동불법행위에 있어서도 손해배상액을 산정함에 있어 피해자의 과실을 고려하여야 할 수 있는데, 피해자의 과실비율이 공동불법행위자 각자에 대해 다르

---

24) 앞서 언급한 사용자의 사용자배상책임(민법 제756조)과 피용자의 불법행위책임(민법 제750조)이 동시에 성립할 경우에도 이에 해당한다. 그 외에도 민법 제760조 제2항과 제3항에서는 공동불법행위에 해당하는 여러 경우를 명시하고 있는데, 공동불법행위는 반드시 공모에 의해서만 인정되는 것이 아니라 우연한 사정으로 불법행위가 겹친 경우에도 인정되고 있다.

25) 더 나아가 공동불법행위의 경우 이외에 채무불이행책임과 제3자에 의한 불법행위가 동시에 문제될 경우에도 부진정연대관계가 성립하기도 한다(대법원 2006. 9. 8. 선고 2004다55230 판결). 앞서 소개한 제3자에 의해 계약이 제대로 이행되지 못한 경우에 채무자의 채무불이행도 동시에 성립된다면, 이 경우에 해당할 것이다.

더라도 개별적으로 평가할 수 있는 것이 아니라 그들 전원에 대한 과실로 전체적으로 평가하여야 한다는 것이 대법원의 입장이다.[26]

---

26) 대법원 1998. 6. 12. 선고 96다55631 판결.

# Epilogue

부동산을 거래하는 것에 대해서 법은 다양한 측면에서 개입하게 된다. 우선 그 거래의 시작은 당사자들에게 전적으로 맡겨져 있다. 가끔 '부동산이라는 특수성을 토대로' 금지되기도 하지만, 강제되거나 하지는 않는다. 이 경우에 법은 당사자의 자유를 최대한 보호하고 이를 침해하는 요소를 배제하는 것에 집중하게 된다. 침해하는 요소를 배제하는 과정에서 이미 시작된 거래가 무위로 돌아가기도 한다. 또한 당사자의 자유에 의해서 거래가 시작되므로 당사자가 최소한 의사능력을 갖추고 있을 것을, 더 나아가 법에서는 획일적으로 행위능력을 갖추고 있을 것으로 요구하고 있다.

자유롭게 시작된 거래라고 해도 필요에 따라 법이 개입한다. 특히 거래의 이행단계에서는 거래의 대상이 되는 소유권의 특성으로 인한 문제를 정리해 줄 필요가 있다. 이 경우 요구되는 통일성으로 인해 법은 획일적인 제도를 마련하여 그 이행이 어떻게 이루어져야 하는지를 정하고 있다. 그래야 거래를 통해 바뀌어진 사정으로 인한 피해가 발생하지 않을 것이다. 이에 대해서는 다양한 방식이 존재하는데, 그중 하나를 선택하는 것이므로 그 나라의 특징이 되기도 한다. 우리의 경우, 부동산거래는 등기가 이루어지지 않은 경우에는 권리 자체의 변동이 이루어지지 않아 거래가 제대로 마무리되지 않는 것을 특징으로 한다.

당사자의 자유로운 의사에 의해 시작된 거래는 통상적으로 당사자의 자발적인 이행에 의해서 마무리된다. 위에서 지적한 대로 그 방식에 대해서는 법에서 정한 바를 따라야 하지만 그것을 할지 여부는 당사자에게 맡겨져 있다. 그러나 당사자가 이행하지 않을 경우에는 법이 적극적으로 개입하여 당사자가 이행하도록, 혹은 그에 대한 상응하는 책임을 지도록 하고 있다. 결국 자유에는 그만큼 책임이 따르게 되는 것이다. 그리고 그럼으로써, 이 사회에서 거래라는 도구는 사람들의 신뢰 위에 생명력을 얻게 된다. 이에 그치는 것이 아니다. 법은 거래와 관련하여서도 해서는 안 되는 행위에 대해 제재를 함으로써 거래를 통해 실현되는 당사자의 자유로운 의지가 왜곡되지 않도록 하고, 사회가 용납하는 범위 내에서 그 거래가 이루어질 수 있게끔 도와준다.

이상의 내용에서 확인할 수 있다시피, 거래에 있어서 가장 중요한 것은 바로 당사자의 자유이다. 그리고 거래와 재산에 대한 기본법인 민법에서 가장 중시하는 것도 바로 이 자유이다. 물론 이러한 자유는 책임을 수반한다. 특히 이 자유를 스스로 결정하며(자기결정), 스스로 책임을 지도록 한다(자기책임)는 의미에서 '사적자치'라고 칭한다. 자유의 구체적인 내용은 계약을 자유롭게 할 수 있고('계약자유의 원칙'), 자신의 소유권은 보호받으며('소유권 절대의 원칙'), 잘못을 하지 않는 한 책임을 지지 않는다('과실책임의 원칙')는 식으로 표현되기도 한다. 이러한 구체적인 내용들이 거래에 있어 어떻게 적용되고 있는지에 대해서는 본문에서 살펴본 바와 같다. 물론, 위와 같은 사적자치도 언제나 엄격하게 지켜지는 것은 아니다. 세부적인 영역에서 법이 규제라는 형태로 자유를 어떻게 제한하는지도 이미 살펴본 바와 같다. 자유만이 강조될 경우 세상이 모두에게 자유롭지 못하게 된다는 것은 이미 역사의 곳곳에서 그 흔적을 발견할 수 있다. 때문에 사적자치는 여러 측면에서 수정된다. 계약자유는 어떤 경우에는 제한되며, 소유권도 제한되기도 하고, 잘못이 없는 경우에도 책임을 지기도 한다. 하지만 이는 어디까지나 예외이며 거래에 있어서의 원칙은 자유임을 기억하여야 한다.

법은 위와 같은 내용을 담아내어야 하고 또한 담아내고 있지만, 현행법이 충분히 혹은 적절히 규율하고 있지 못하는 사항에 대해서는 민법 제2조에서 선언하고 있는 신의성실에 의해 보충 혹은 수정되기도 한다. 때로는 더 자유롭게, 때로는 자유를 제한하기도 한다. 계약의 내용을 보충하거나, 계약의 이행방법을 결정하기도 하고 실정법에 의해서 인정되는 권리의 행사가 제한되기도 한다. 이미 소개한 바와 같이 부동산거래에 있어서도 그 예를 단편적으로나마 확인할 수 있었다. 다만 앞에서 이미 언급한 바와도 같이 신의성실의 남발은 기존의 법질서를 흔들 수도 있는 것이므로 그 운용에 있어서 주의를 요한다. 획일적인 법적용이 예외적으로 낳는 부당한 결론에 대해서만 적용될 수 있을 뿐이다.

pacta sunt servanda!
약속은 지켜져야 한다!

## 법조문 지도

민법(재산법)

제1편 총칙
  제1장 통칙                    0002－0003, 1124, 2208, 2209
  제2장 인                      1103, 1112－1113
  제3장 법인                    1103
  제4장 물건                    1103
  제5장 법률행위
    제1절 총칙                  1206
    제2절 의사표시              1105, 1123, 1211－1223
    제3절 대리                  1114－1118
    제4절 무효와 취소           1224
    제5절 조건과 기한           2101
  제6장 기간                    1113
  제7장 소멸시효                2208

제2편 물권
  제1장 총칙                    2103, 2210
  제2장 점유권
  제3장 소유권                  2103, 2220－2221
  제4장 지상권                  2223, 2225
  제5장 지역권
  제6장 전세권                  2111
  제7장 유치권
  제8장 질권
  제9장 저당권                  2110

# 찾아보기

## 저자 약력

정성헌(鄭晟憲)

약력
고려대학교 법과대학 및 동대학원 졸업(법학박사)
現 경남대학교 법정대학 법학과 조교수

논문
"계약체결과 정보제공의무"(고려대학교, 2014. 2)
"신뢰이익에 대한 연구", 민사법학, 제70호(2015. 3)
"민법 제535조를 위한 변명", 법학논총, 제39권 제3호(2015. 9)
"착오에 대한 민법상 규율의 재구성", 민사법학, 제73호(2015. 12)
"동기의 착오에 대한 새로운 규율시도", 법학연구, 제24권 제4호(2016. 10)
"회생절차와 부동산점유취득시효에서의 등기명의변경", 민사법의 이론과 실무, 제21권
    제1호(2017. 12)
"타인권리매매에 있어서의 손해배상", 아주법학, 제11권 제4호(2018. 2) 외 다수

부동산거래와 법

초판발행      2019년 11월 30일

지은이       정성헌
펴낸이       안종만 · 안상준

편 집        장유나
기획/마케팅    박세기
표지디자인     박현정
제 작        우인도 · 고철민

펴낸곳       ㈜ **박영사**
           서울특별시 종로구 새문안로3길 36, 1601
           등록  1959. 3. 11. 제300-1959-1호(倫)

전 화        02)733-6771
f a x       02)736-4818
e-mail      pys@pybook.co.kr
homepage    www.pybook.co.kr
ISBN        979-11-303-3497-4  93360

정 가        13,000원